결국 나는 무엇이 될까

결국 나는 무엇이 될까

강산 글·사진

좋은씨앗

다만 이뿐 아니라 우리가 환난 중에도 즐거워하나니
이는 환난은 인내를, 인내는 연단을,
연단은 소망을 이루는 줄 앎이로다.
로마서 5:3-4

서문

지금 소나기를 맞고 있는 당신에게

갑자기 비가 내렸습니다.

잠시 지나가는 소나기인 줄 알았는데 그 비는 생각보다 오래 이어졌습니다. 동생은 제 옆에서 춥다고 했습니다. 동생과 저는 초등학생이었고, 목회하시는 부모님을 따라 경상도 산골의 작은 교회 옆 사택에서 지내며 읍내에 있는 초등학교까지 매일 걸어다녔습니다. 아침에는 등교 시간에 늦지 않으려고 열심히 걸어가니 한 시간 반 정도 걸렸지만, 집으로 돌아오는 길에는 늘 물고기를 잡고 산열매를 따 먹는 즐거움에 몇 시간씩 걸리던 그 길이 그날따라 너무 멀게 느껴졌습니다.

하늘은 검게 물들었고 비는 차갑다 못해 이제 아프기까지 했습니다. 비는 속옷까지 파고들었고 신발은 걸을 때마다 질 퍽거리다 못해 발을 짓이기고 있었습니다. 어디 비를 피할 곳도 없었습니다. 동생은 제 손을 더 세게 잡았는데, 제가 할 수 있는 일이라곤 그 손을 더 힘차게 잡고 앞으로 나아가는 것밖에 없었습니다.

그런데 저 멀리 과수원이 보였습니다. 그 과수원은 제가 잘 아는 곳입니다. 우리 교회 장로님의 과수원입니다. 탐스럽게 사과가 열리는 때면 어린 마음에 한두 개씩 서리해 먹고 싶은 마음도 있었지만, 워낙 교회에서 무서운 장로님이셨기 때문에 그런 생각이 들 때마다 얼른 지워 버렸습니다. 항상 교회에서 만나도 좀처럼 거리감을 좁힐 수 없었습니다.

이 빗속을 헤치고 계속 길을 가야 할지, 아니면 어렵기만 한 장로님 댁에서 잠시 비를 피해야 할지 갈등이 되었습니다. 마침내 용기를 내어 장로님 댁으로 동생을 이끌었습니다. 그리고 무거운 마음으로 대문을 두드렸습니다. 빗소리 때문에 혹시 못 들을 수도 있다는 생각에 아주 힘차게 두드렸습니다. 잠시 후 과수원 옆 작은 집에서 장로님이 나오셨습니다. 침을 꿀꺽 삼키고 인사할 준비를 했는데, 장로님은 교회에서 보던 양복 차림과 포마드 기름을 바른 머리카락과는 전혀 다른 모습으로 우리를 맞아 주셨습니다. 편한 농부의 옷차림과 할아버지의 머리카락이 마음대로 헝클어진 장로님은 저를 보자마자 "아이쿠, 우리 작은 목사님 오셨구나"라고 하셨습니다.

우리가 무언가를 구하지 않았지만 장로님은 우리의 필요를 아셨습니다. 비에 젖은 옷을 갈아 입혀 주시고 따뜻한 아랫목으로 우리 형제를 이끄셨습니다. 그리고 금방 딴 깻잎을 밀가루에 부쳐서 내오셨습니다. 짧은 40여 년의 인생을 살아오면서 이런저런 맛있는 음식을 많이 먹어 보았지만, 저는 아직도 그 깻잎전의 향과 맛을 잊을 수 없습니다.

사과철이 아니라서 맛있는 사과도 없고 집에 먹을 것도 없다며 손수 내오신 그 수수한 음식의 맛과 향은 어린 시절 한없이 어렵기만 했던 장로님의 모습을 다시 보게 했습니다. 긴 기도와 엄한 목소리로만 기억되었던 장로님은, 일찍 돌아가셔서 우리 기억에 거의 없는 친할아버지처럼 우리에게 다가왔습니다.

어쩌면 오늘 당신은 삶에서 원하지 않은 소나기를 만날 수 있습니다. 그 소나기가 당신의 삶을 어둡고 힘들고 차갑게 할 수 있습니다. 하지만 그 소나기는 우리가 지금까지 피상적으로 알았던 무언가를 제대로 만날 수 있는 기회이기도 합니다. 저는 그런 마음으로 지난 10년간 글을 써 왔습니다. 우리의 피상적 인식의 한계를 넘어서 진정한 만남이 이루어지기를 소망하면서 말입니다.

우리는 지금 너무나 피상적인 시간 속에 살고 있습니다. 부분적으로 보고 들은 것을 전부라고 알고, 자신이 경험한 것만을 온전한 것이라고 착각하면서 말입니다. 이러한 상황은 교회도 별반 다르지 않다고 생각합니다.

그래서 부끄러운 마음으로 이 작은 책을 내놓습니다. 제가 내놓는 글은 시골 농부의 깻잎전 같습니다. 텔레비전에 나오는 유명한 요리사의 화려한 음식이 아닙니다. 그저 한 사람의 목회자가 영적 부모의 마음으로 쓴 글입니다. 따뜻한 글도 있지만 아픈 글도 있고 힘든 글도 있을 것입니다.

저는 성도 한 사람 한 사람의 영혼이 이 땅의 피상적인 가치가 아니라 하나님의 복음과 말씀 속에 담긴 진정한 가치를 깊이 있게 만날 수 있기를 바랍니다. 욥을 비롯하여 수많은 믿음의 선배들도 인생의 빗속에서 하나님을 만났습니다. 그리고 그 만남은 그들이 듣고 싶어 한 대답 이상의 변화를 이끌어 냈습니다. 많은 사람들이 감동적인 이야기를 듣고 싶어 하지만 저는 감동을 넘어 실제적인 변화가 일어나기를 기대하며 이 글을 썼습니다. 나를 시작으로 하여 가족과 우리 그리고 교회와 세상이 변화되기를 간절히 소망합니다.

이 작은 책이 그 변화로 가는 통로가 되고 징검다리가 되기를 소망해 봅니다. 갑작스런 소나기를 만난 당신의 인생에 비를 멈추게 할 수는 없지만, 그 비를 통해 당신이 그동안 만나지 못한 것들을 바르고 깊고 의미 있게 만나기를 바랍니다. 그것이면 족합니다.

2017년 봄

강 산

차례

서문 · 7

01

아버지 생각 · 19
누구에게나 과거가 있다 · 24
이끌림 · 33
갈등하는 것이 곧 미래 · 39
지금 바로 여기서 · 45
사건과 이야기 · 50
온유함의 신비 · 54
영혼의 기저 · 60
쉬는 훈련 · 65
가을, 아니 겨울 · 72
바로 당신이기에 · 78
의지의 역전 · 82

02

위대한 질문 앞에 서다 · 91

한계를 만나다 · 98

결국 무엇이 될까 · 105

고통이라는 선물 · 109

급한 일이 아니라 중요한 일 · 115

생명의 영향력 · 123

현상이 아니라 실상 · 129

진짜 두려움 · 135

15번 버스를 기다리다 · 140

가족이란 · 144

그 한마디 · 150

가장 위대한 기다림 · 155

부족함을 만난다는 것 · 160

그 일을 함께하는 것 · 165

나를 힘들게 하는 사람들 · 171

03

할 수 있는 것을 하지 않는 능력 · 177

진짜 힘 · 181

흔적 · 187

세상에서 가장 힘든 일 · 192

고난은 이제 무엇이 될까 · 197

갑작스러운 방해를 만났을 때 · 202

그리스도인이 된다는 것 · 208

예배의 자리 · 214

죄를 분명히 만나다 · 222

가장 중요한 일을 하는 것 · 227

'무엇을'과 '어떻게' · 233

성택이 · 238

사랑의 나눔 있는 곳에 · 243

한 걸음, 딱 한 걸음 · 246

미지막을 준비하는 성도님에게 · 253

민들레 홀씨를 만나다 · 260

01

* 아버지 생각

아직도 그날의 아버지가 생각납니다.

초등학교 3학년 즈음 여름이었습니다. 저녁밥을 먹고 자려고 하는데 선생님이 말씀하신 숙제가 뒤늦게 생각났습니다. 내일부터 우리 반 아이들과 함께 개구리 알이 올챙이가 되고 개구리가 되는 과정을 연구하는데, 제가 개구리 알을 가져가는 책임을 맡은 것입니다. 그런데 하루 종일 놀다 보니 그만 깜빡하고 말았습니다. 이미 해가 떨어져 어두워진 여름밤에 아버지에게 급히 부탁을 드렸습니다.

아버지는 크게 화내지 않으시고 같이 개구리 알을 잡으러 가자고 하셨습니다. 저는 손전등을 들고, 아버지는 양동이와 그물을 챙기셨습니다. 집에서 가까운 연못으로 부리나케 갔는데 제가 들어가기에는 연못이 상당히 깊었습니다. 제가 손전등을 비추자 아버지는 주저 없이 신발을 벗고 바지까지 벗으시고 연못으로 들어가 개구리 알을 찾으셨습니다.

"산아, 여기 많다. 양동이 가져와라!"

얼른 양동이를 가져갔습니다. 아버지는 부지런히 개구리 알을 양동이에 가득 담으셨습니다. 그렇게 한참을 수고하신 아버지는 제가 이제 충분하다고 하자 천천히 연못에서 나오셨습니다. 처음에는 개구리 알에 시선이 팔려서 잘 보지 못했습니다. 그런데 개구리 알에 비추던 손전등을 아버지에게로 옮기는 순간 깜짝 놀라고 말았습니다. 수십 마리의 거머리가 아버지의 다리와 허벅지에 붙어서 피를 빨고 있었습니다. 아버지는 웃으시며 "모든 일에는 대가가 따른다"고 하셨습니다. 아직도 그날의 아버지가 생생하게 기억납니다.

어느덧 저도 세 아이의 아버지가 되었습니다. 이따금 몸이 너무 피곤해도 아이들을 안아 주어야 하고, 무릎 관절이 아파도 축구를 해야 합니다. 부끄럽지만 돈을 빌려야 할 때도 있고, 눈물 대신 웃음을 보여 주어야 할 때도 있습니다. 제가 누리고 싶은 많은 것들을 포기하고 한 푼 두 푼 아껴서 아이들에게 사 준 물건들이 닳기도 하고 사라지기도 할 때, 저는 오히려 그 보상으로 우리 아이들이 자라고 있음을 믿으며 섬겨 왔습니다. 그러면서 제 아버지도 그런 마음과 아픔과 기다림과 섭섭함을 느꼈으리라 미루어 짐작해 봅니다.

솔직히 우리 아이들이 저를 '좋은 아버지'로 기억해 주면 좋겠습니다. 하지만 제가 좋은 아버지가 되기 위해서는 제 앞에 분명히 '더 좋은 아버지'가 있었음을 부인할 수 없습니다. 그리고 저의 좋은 아버지 앞에는 온 세상을 창조하시고 자신의 독생자를 아낌없이 십자가의 죽음으로 보내 우리 죄를 해결하신 궁극의 아버지, 곧 '가장 좋은 하늘 아버지'가 계셨음을 고백하게 됩니다.

이 세상의 모든 아버지들이 그렇겠지만, 저도 아버지로 살아가면서 지치고 힘들어서 이따금 눈물이 나고 마음이 아플 때가 있습니다. 세 아이의 아버지로만이 아니라, 이 작은 교회의 나이 어린 아비로도 그렇습니다. 그때마다 저는 피가 흐르던 아버지의 다리를 생각합니다. 결국 그 피는 십자가에서 흐르던 예수님의 피였습니다. 십자가에서 죽어 가는 아들을 바라보아야 하는 아버지의 눈에서 흐르던 피였습니다.

다시 아버지를 생각합니다. 하늘 아버지를 늘 묵상합니다. 아버지의 좋은 아들로 살아가기를 다짐합니다. 제 자녀들에게 좋은 아버지가 되고, 제 양들에게 좋은 아비가 될 것을 결단합니다. 아버지처럼 양동이 하나 가득 채운 말씀과 진리를 나누며 제가 가진 것으로 섬기고, 그 일을 위해 흘린 눈물과 피를 제 육신의 아들과 영혼의 딸이 기억하고 생각한다면, 그들도 이 모든 것이 하늘 아버지로부터 온 것임을 알게 될 날이 올 것입니다. 지금은 철없는 아들과 딸일지라도 언젠가 분명 저보다 더 좋은 아버지와 어머니가 될 것입니다.

아마 제 아버지도 그렇게 기대하셨을 것입니다. 중간에 많은 다른 일이 있었을지라도 개구리 알을 하나 가득 담아 연못에서 올라오시며 피에 젖은 다리의 거머리들을 떼어 내실 때 말입니다. 그것이 곧 제 인생길의 수많은 골짜기와 계곡에서 하늘 아버지가 하신 기대였을 것입니다. 그 기대로 인해 힘이

납니다. 또한 그 기대를 생각하게 됩니다. 그 기대가 저를 넘어서 미래의 또 다른 아버지가 될 누군가에게로 갈 것을 기대하게 됩니다. 결국 아버지에 대한 생각은 새로운 기대가 된 것입니다.

오늘도 아버지를 생각합니다. 하늘 아버지를 생각합니다. 우리 세 아이의 좋은 아버지를 생각합니다. 그래서 저를 닮은, 아니 결국 하늘 아버지를 닮은 다음 아버지들을 기대합니다.

또 네가 많은 증인 앞에서 내게 들은 바를 충성된 사람들에게 부탁하라. 그들이 또 다른 사람들을 가르칠 수 있으니라(딤후 2:2).

* 누구에게나 과거가 있다

저의 오른쪽 무릎에 흉터가 하나 있습니다. 엄지손톱보다 조금 더 큰 그 흉터는 초등학교 3학년 때, 비 오던 어느 날 산비탈에서 여러 번 넘어져 생긴 상처입니다. 부모님을 만나러 가는데 우산도 없었고, 퍼붓는 빗줄기로 패이고 깎인 날카로운 돌 틈바구니에 작은 무릎이 여러 번 찍혔습니다. 그래도 상처를 무릅쓰고 울면서 갔습니다. 지금도 그 흉터를 보면 잔인하게 퍼붓던 그날의 빗줄기와 그 비를 따라 흐르던 눈물 그리고 선홍색 핏줄기가 생각납니다.

살아온 시간이 얼마든, 누구에게나 과거가 있습니다. 이제 삶을 마무리해야 하는 인생 선배님들의 긴 이야기 속에는 분명 그들에게도 손 여리던 유아 시절과 꿈 푸르던 젊은 시절이 있었습니다. 이제 초등학교에 갓 들어간 동네 아이들도 자랑인지 푸념인지 알 수 없는 큰 목청으로 "내가 옛날에"로 시작되는 그들만의 과거가 있습니다. 그러니 그 과거를 어찌 소중하지 않다 말할 수 있겠습니까? 어제가 있었기에 오늘이 있음을 잊어서는 안 되고, 과거를 잘 다루어야 더 나은 미래가 펼쳐질 것은 분명합니다.

그런데 많은 사람들이 과거를 잘못 만나고 있습니다. 어떤 사람은 자신의 과거를 핑계로만 사용합니다. 부모가 경제적으로 밀어 주지 못했다고, 배울 수 있었을 때 기회가 없었다고, 시골에서 자랐다고, 불우했다고…. 그래서 결국 하려는 말은, 과거가 자신의 발목을 잡고 있기에 지금 이렇게밖에 살 수 없다는 것입니다. 마치 출발선 자체가 달랐는데 내가 무슨 수로 결승선에 같이 도착할 수 있겠느냐는 말로 들립니다.

또 다른 사람은 과거를 자랑으로만 사용합니다. 자신이 과거에 잘 살았고, 부유했으며, 자기 이름만 대면 사람들이 굽신

거리는 대단한 사람이었노라고…. 그런 과거가 있으니 지금 내가 조금 부족해도 함부로 대하지 말라는 일종의 경고성 무기로 사용합니다. 그래서 이 자랑의 과거는, 나는 이미 과거에 충분했으니 현재와 미래는 대충 살아도 된다는 말로 들립니다.

마지막으로 가장 슬픈 사람은, 과거를 잊어버린 사람입니다. 사고로 기억 상실증에 걸린 것도 아닌데, 과거 상실증에 걸린 사람들이 제법 많습니다. 과거에 술이나 도박, 마약이나 음란으로 자기 인생의 일부를 어둡게 만들었으면, 이제는 그 기억을 태워 낸 빛으로 나머지 인생을 밝게 살아야 할 텐데, 여전히 그 무지의 기억 속에서 미래까지 어둡게 만들고 있습니다. 거짓말이나 탐욕으로 얼룩진 삶 때문에 자신의 과거가 심하게 상처를 입었는데도 그 상처가 채 아물기도 전에 또 다른 상처를 만들고 있습니다. 그러니 이런 사람들에게 과거는 무의미했다는 말로 들립니다.

우리가 하나님을 만나면서 해결해야 할 가장 큰 문제 중 하나가 우리의 과거가 아닐까요? 과거를 모두 죄라고 치부하며 무조건 잊어버려서도 안 되고, 과거는 모두 하나님의 축복이었다고 덧칠하여 자랑삼아서도 안 됩니다. 아울러 과거를 철저히 내가 당한 운명의 저주로 핑계 삼아 오늘을 구차하게 살아서도 안 됩니다. 우리는 지나온 과거를 의미 있게 해석하여 사용해야 합니다. 그것이 우리가 하나님을 아버지로 모시고, 예수님을 인생의 주인으로 영접한 후에, 성령님이 우리 안에 행하시는 놀라운 일입니다.

요셉은 아버지의 사랑을 특별히 받은 아들이었지만, 형들로 인해 이집트로 끌려가 노예가 되었습니다. 그 어린 요셉이 낯설고 물설고 말이 설은 그 땅에서 얼마나 많이 울었을까 생각해 봅니다. 가정교사가 자애로운 표정을 지으며 이집트 단어를 하나하나 가르쳐 주지 않았을 것입니다. 수없이 혼나고 맞으며, 눈치코치로 알아듣고 이집트 사람이 되었을 것입니다.

그는 얼마나 많이 원망했을까요? 얼마나 많이 답답했을까요? 요셉은 자신의 과거를 과연 어떻게 해석했을까요? 그런데 놀랍게도 요셉은 꿈의 사람이었습니다. 그는 미래를 향해 과거를 사용할 수 있는 사람이었습니다. 요셉은 미운 과거의 흔적이 짙게 남겨진 형들 앞에서 이렇게 고백합니다.

형님들, 나를 이곳에 팔았다고 해서 근심하지 마세요. 한탄하지 마세요. 하나님이 생명을 구원하시려고 나를 형님들보다 먼저 이곳에 보내셨습니다(창 45:5 참조).

그는 과거를 쓸모없는 부품이나 어쩔 수 없이 주어진 운명의 방해물로 여기지 않고, 자신의 인생을 위해 하나님이 주신 징검다리와 디딤판으로 사용했습니다. 그것은 하나님이 진정으로 요셉 안에 행하시고자 한 일이었으며, 그러한 하나님의 뜻에 따른 요셉의 순종이었습니다. 그는 형들을 용서하면서 자신의 과거를 용서했고, 아버지를 안으면서 자신의 과거를 만났으며, 온 백성을 향해 아름다운 구원의 통로가 되면서 자신의 과거를 역전시켰습니다. 참으로 위대한 하나님의 사람은 좋은 과거를 가진 사람이 아니라, 그 과거를 하나님의 미래로 전환시킨 사람입니다. 한 사람의 과거에 대한 해석이 변화되자 온 인류의 과거에 대한 해석이 변화된 것입니다.

베드로와 가룟 유다를 보면, 과거에 대한 두 길이 선명하게 다릅니다. 솔직히 베드로는 가룟 유다에 비해 말실수도 많았고(예수님을 부인하고 '사탄'이라는 소리까지 들었습니다), 칼로 사람의 귀를 베는 살인 미수도 했습니다. 하지만 베드로는 과거에 멈추어 있지 않고 과거를 의미 있게 해석하고 회복했습니다. 예수님이 다시 오셔서 "나를 사랑하느냐?"고 세 번 물어보실 때, 베드로는 과거를 디딤판으로 사용했습니다.

그러나 가룟 유다는 그렇게 하지 못했습니다. 그에게 과거는 방해물이 되고 장애물이 될 뿐이었습니다. 그는 부활의 주님을 보지 못하고 십자가의 주님만 보았습니다. 과거에 매였고 과거에서 멈추어 버렸습니다. 그래서 그는 '태어나지 않았으면 더 나을 사람'이 되었습니다.

예수 그리스도는 이 땅에 우리의 과거를 해결하기 위해 오신 분입니다. 그분은 두 번째 아담으로 오셨습니다. 그러나 첫 번째 아담이 한 일을 무시하지 않으셨고, 자신의 무용담으로 쓰지 않으셨으며, 그것을 핑계 삼지도 않으셨습니다. 그리스도는 첫 번째 아담이 원래 해야 할 일을 하셨을 뿐 아니라 그 이상의 일을 하셨습니다.

이것은 오늘날 예수 그리스도를 마음에 모시고 사는 그리스도인 한 사람 한 사람이 다시금 살아내야 할 삶이기도 합니다. 우리는 그리스도께서 하신 일을 할 뿐만 아니라 그보다 더 큰일을 하게 될 것입니다. 과거를 새롭게 직면하고, 과거를 용서하고, 과거를 의미 있게 해석하고, 과거를 변화시켜 미래로 사용하는 일을 오늘도 성령님이 우리와 함께하십니다. 그분은 우리 안에서 그 일을 하기 갈망하십니다.

과거가 없는 사람은 미래가 없듯이, 변화된 과거를 찾지 못하면 새로운 미래도 오지 않습니다. 앞으로 걸어가야 할 길만 말하지 마십시오. 이미 걸어온 길을 돌아보지 않으면 안 됩니다. 하나님은 우리에게 다양한 과거를 선물하셨습니다. 우리가 걸어가야 할 길에서 만날 수많은 사람들을 위해서 그렇게 하신 것입니다.

저는 어린 시절 수많은 전학과 왕따로 인해 상처를 받았고, 사랑하는 아버지와 일찍 헤어졌으며, 위장병과 각혈, 심각한 치아 질환으로 고통받았습니다. 수면 장애로 밤을 지새운 날이 많았으며, 차만 타면 멀미를 해서 시골 완행버스 통로에 여러 번 미안한 일을 했습니다. 정말로 사랑하는 사람과 헤어져 보았으며, 믿었던 사람에게 배신도 당해 보았습니다. 돈이 없어 수없이 울어 보았으며, 갈 길을 알지 못해 주님께 주먹질도해 보았습니다. 수치스럽고 미안하고 핑계 삼고 싶은 과거가 참 많았습니다.

그런데 참 놀라운 것은, 제가 목사가 되고 오늘도 저를 만나러 오는 사람들의 이야기 속에서 "과거의 저를 만나게 되더라"는 것입니다. 사람들은 무조건 "기도해라, 말씀 읽어라, 용서해라, 참아라"는 조언이 아니라, "당신이 나라면 어떻게 할 것인가"를 물어봅니다.

저는 살아온 과거를 꺼내 그들과 공감하고, 그때 제가 하지 못했던 것을 고백하며, 하나님이 그 과거를 사용해 지금 하고 계신 일들을 나눕니다. 그러면 저는 야곱이 사랑한 아내 라헬이 죽으며 '베노니'(슬픔의 아들)라고 불렀던 그 과거를 눈물로 품에 안고 '베냐민'(능력-오른손의 아들)으로 역전시킨 미래를 그들이 누리는 것을 보게 됩니다. 그렇게 우리는 야곱에서 이스라엘로 함께 변화됩니다.

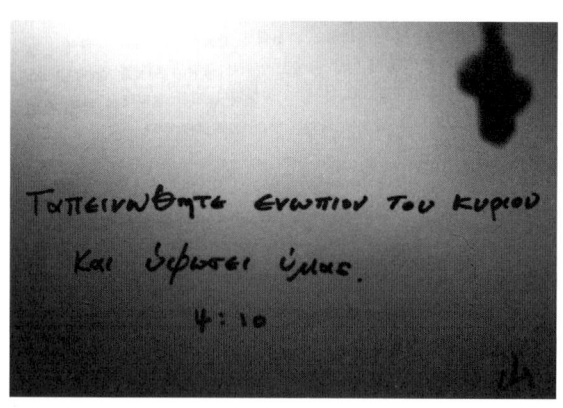

주 앞에서 낮추라. 그리하면 주께서 너희를 높이시리라.
야고보서 4:10

* 이끌림

 그건 정말 뭐라고 말할 수 없는 것이었습니다. 이성적으로 생각해 봐도 바보 같은 짓이었고, 앞으로 펼쳐질 상황을 예측해 봐도 매우 힘든 일이 거듭거듭 펼쳐질 것이 불을 보듯 뻔했습니다. 막상 생활할 돈도 없었고 딱 한 달 남은 수능을 준비할 실력도 없었지만 저는 그렇게 해야 했고, 결국 그렇게 하고 말았습니다.

 1년간 아끼던 책과 물건들을 동기들에게 나눠 주었고, 학장님의 간곡한 만류에도 불구하고 자퇴를 했습니다. 돈을 많이 벌어서 부자 장로가 되기로 했던 꿈을 그날 버렸습니다. 마지막까지 붙잡으시던 전공 교수님에게 부드럽지만 담대하게 말

쏨드렸습니다.

"저는 이 길로 다시 돌아오지 않을 것입니다. 원래 가야 할 그 길로 지금 강하게 이끌리고 있기 때문입니다."

그리고 23년이 지났습니다. 그동안 수없이 힘들고 고독하고 아팠지만, 단 한 번도 이 사명의 길로 들어선 것을 후회하지 않았습니다. 왜냐하면 제가 이 길을 선택한 것이 아니라, 주님이 이 길로 저를 이끄셨기 때문입니다. 물론 그 이끄심은 단 한 번의 선택이나 포기로 끝나지 않았습니다. 마치 홍해를 건너는 것만이 출애굽의 전부가 아니었듯이, 주님은 계속 광야의 길로 이끄셨습니다. 어려운 수업, 어려운 교회, 어려운 성도, 그리고 어려운 개척으로 말입니다.

무조건 힘든 길이 주님의 길이라고는 생각하지 않습니다. 저는 그 좁은 길에서 소중한 사람들을 만났고, 행복한 기적을 체험했으며, 놀라운 이야기를 이어 가고 있습니다. 순간순간마다 성령님이 이끄셨기에 가능했습니다.

목회자로 20여 년을 지내다 보니, 사람들마다 궁극적으로 자신을 이끄는 무언가가 있는 것을 보게 됩니다. 어떤 사람은 돈이고, 어떤 사람은 남편이며, 어떤 사람은 여자이고, 어떤 사람은 욕망입니다. 입에 발린 영적 용어나 어디서 읽고 들은 표현으로 자신을 잠시 포장할 수는 있지만, 시간이 지날수록 각자 자신을 이끄는 그 무엇으로 점점 다가가며 결국에는 그 가치와 합치된 존재로 귀결됨을 보게 됩니다.

조금 과격하게 말해서, 우리가 하나님께 이끌리면 하나님을 닮아 가고 그분이 계신 곳으로 가게 될 것이고, 사탄에게 이끌리면 점점 더 사탄의 표정과 말과 삶을 닮아 가고 사탄의 영원한 감옥에 같이 던져질 것입니다. 가슴 아픈 친구들이나 기도만 하면 눈물이 쏟아지는 성도들의 이야기를 구체적으로 말할 필요는 없을 것입니다. 그저 저는 한 가지만 말하고 싶을 뿐입니다. "지금 자신이 생명이신 성령님께 이끌리지 않는다면, 그것이 무엇이든 사망이 될 수밖에 없다"고 말입니다.

성경은 성령님께 이끌리는 삶을 다양하게 표현합니다. 성경을 묵상하고 그 말씀대로 사는 삶, 깊이 있게 기도하고 그 감동대로 순종하는 삶, 하나님을 사랑하고 이웃을 사랑하는 삶, 자신이 하고 싶은 것만 하는 것이 아니라 주님이 주신 사명을 따라 사는 삶, 돈을 많이 벌어서 혼자 잘 먹고 잘 사는 것이 아니라 베풀고 섬기는 삶, 남을 죽이고 내가 사는 삶이 아니라 내가 죽어 남을 용서하고 살리는 삶이라고 말입니다.

오늘도 쉽지 않은 하루를 보냈습니다. 저도 뻔히 보이는 쉬운 길로 가고 싶습니다. 하지만 그 길은 제가 가고 싶은 길이지, 제가 가야 할 길이 아님을 압니다. 제가 가야 할 길은 언제나 높은 부르심의 그곳에서 낮은 저를 향해 간절하지만 부드러운 이끄심이 있는 길입니다. 그동안 수없이 실수하며 살았습니다. 뒤돌아보면 많은 굴곡이 있었습니다. 하지만 앞으로 가는 길은 언제나 곧게 나 있습니다. 이끄심의 길은 뒤돌아보지 말아야 하는 좁은 길이지만 밝고 아름다운 길입니다. 이 글을 쓰는 내내 찬송가 491장이 제 마음 깊은 곳에서 울려 퍼집니다. 오늘도 좁은 길을 가는 당신과 함께 부르고 싶습니다.

1. 저 높은 곳을 향하여 날마다 나아갑니다
   내 뜻과 정성 모아서 날마다 기도합니다
   내 주여 내 맘 붙드사 그곳에 있게 하소서

그곳은 빛과 사랑이 언제나 넘치옵니다.

2. 괴롬과 죄가 있는 곳 나 비록 여기 살아도
빛나고 높은 저 곳을 날마다 바라봅니다
내 주여 내 맘 붙드사 그곳에 있게 하소서
그곳은 빛과 사랑이 언제나 넘치옵니다.

3. 의심의 안개 걷히고 근심의 구름 없는 곳
기쁘고 참된 평화가 거기만 있사옵니다
내 주여 내 맘 붙드사 그곳에 있게 하소서
그곳은 빛과 사랑이 언제나 넘치옵니다.

4. 험하고 높은 이 길을 싸우며 나아갑니다
다시금 기도하오니 내 주여 인도하소서
내 주여 내 맘 붙드사 그곳에 있게 하소서
그곳은 빛과 사랑이 언제나 넘치옵니다.

5. 내 주를 따라 올라가 저 높은 곳에 우뚝 서

영원한 복락 누리며 즐거운 노래 부르리

내 주여 내 맘 붙드사 그곳에 있게 하소서

그곳은 빛과 사랑이 언제나 넘치옵니다.

* 갈등하는 것이 곧 미래

세 사람이 함께 여행을 하고 있었습니다. 한 사람은 미식가입니다. 온 세상의 맛있는 음식을 찾아다닙니다. 방금 새로운 지방에 와서 맛있는 점심을 배불리 먹었지만 저녁에는 무엇을 먹을까 생각하고 있습니다. 그는 자신이 좋아하는 음식과 맛을 상상하며 즐거운 마음으로 길을 갑니다.

또 한 사람은 악명 높은 강도입니다. 그는 옆에 있는 두 사람을 곁눈질로 살피면서 누구의 물건을 언제 어떻게 빼앗을까 계속 생각하고 있습니다. 그래서 표정이 어둡고 남을 의심하며 자신이 하는 말도 잘 믿지 않습니다.

그리고 마지막 한 사람은 복음 전도자입니다. 그는 어떻게든 복음을 전하고자 합니다. 늘 사람들의 이야기에 귀를 기울이며, 자신이 가진 것으로 최선을 다해 다른 사람들을 섬깁니다. 어쩌면 자신이 가고자 하는 길의 방향에서 벗어났음에도 불구하고 그는 계속 그 길로 가면서 시간과 에너지를 희생하고 있는지도 모르겠습니다.

사람은 태어나서 죽을 때까지 갈등을 합니다. 아니 갈등을 해야만 합니다. 어떤 사람은 갈등이 없기를 바라며 늘 갈등을 피하고 갈등에서 벗어나려고만 합니다. 그러나 갈등이 없는 삶은 무덤일 뿐입니다. 솔직히 말해서, 갈등이 없는 삶은 무의미한 삶이 됩니다. 중요한 것은, 갈등이 없는 것이 아니라 가치 있는 갈등을 하고 그 갈등을 통해 귀한 미래로 나아가는 것입니다. 그러므로 갈등이 있느냐 없느냐가 아니라, 무슨 갈등을 하고 있느냐가 중요합니다.

앞에서 말한 세 사람 가운데, 첫 번째 사람은 육신의 사람입니다. 그는 무엇을 먹을까, 무엇을 입을까, 무엇을 누릴까에 인생을 걸고 있습니다. 계속 새로운 육신의 가치를 찾아서 삶을 펼쳐 나갑니다. 더 넓은 집과 더 좋은 물건과 더 맛있는 음식을 향해 나아갑니다. 하지만 이런 갈등의 중심에는 자신밖에 없습니다. 인생의 주인이 자신이며 오직 자신을 위해서만 살아갑니다. 하지만 우리는 먹기 위해 사는 것이 아니라 살기 위해 먹어야 합니다. 아니, 우리는 하나님 나라와 하나님의 영광을 위해 먹고 마셔야 합니다. 이 사람은 행복해 보이고 열정적으로 보이나 그 갈등의 끝에 하나님이 없습니다.

두 번째 사람은 사망의 사람입니다. 그는 무엇을 빼앗을까, 무엇을 죽일까, 무엇을 해롭게 할까만 생각합니다. 그는 죄인입니다. 자신만 망치는 것이 아니라 남의 인생도 망칩니다. 열심히 공부하기보다 남의 것을 커닝하는 사람이며, 열심히 일하기보다 남의 것을 훔치는 사람입니다. 일정한 시간과 수고 속에 이루어지는 과정보다는 짧고 순간적인 수단으로 결과만을 꿈꾸는 사람입니다. 그의 인생은 늘 어둡고 위험합니다. 그가 하는 모든 갈등은 차라리 하지 않았다면 더 나을 것들뿐입니다. 그 갈등의 끝에는 자신이 살아온 삶이 농축된 영원한 사망이 있을 뿐입니다.

세 번째 사람은 생명의 사람입니다. 그의 갈등은 땅의 것을 넘어 하늘에 있고, 육신의 것을 넘어 영적인 것에 있습니다. 그의 갈등의 중심에는 자신도 남도 아닌 하나님이 계십니다. 하나님 나라와 하나님의 뜻에 초점이 맞추어져 있습니다. 그는 손해를 보는 것 같지만 늘 더 큰 유익을 얻으며, 잠시 비굴해지는 것 같지만 언제나 더 존귀해집니다. 그의 갈등에는 기도가 있고, 성장이 있습니다. 그의 갈등을 통해 나오는 모든 것이 생명입니다. 그의 미래는 마지막 순간에 선명하게 드러나는 것이 아니라, 날마다 삶에서 체험하고 누리게 됩니다. 그는 이미 천국의 사람입니다.

그러므로 성숙한 인생이 되려면 '갈등의 내용'이 변화되어야 합니다. 육신의 갈등에서 영의 갈등으로, 나의 갈등에서 하나님의 갈등으로, 사망의 갈등에서 생명의 갈등으로 변화되어야 합니다.

신학교에 들어간 그날부터 저는 부족하나마 어떻게 하면 하나님의 말씀을 더 잘 이해할 수 있을까 하는 지적 갈등을 해왔습니다. 그래서 성경을 백 번 넘게 읽었고 만 권의 책도 읽었습니다. 그리고 어떻게 하면 하나님의 말씀대로 살까 갈등했습니다. 아침저녁으로 하나님께 기도하며, 깨달은 말씀에 대한 구체적인 실천사항을 적고, 아주 작은 감동을 주셔도 순종했습니다.

이제는 이 부족한 종에게 하나님이 맡겨 주신 귀한 영혼들을 어떻게 하면 그리스도의 제자로 삼을까 늘 갈등합니다. 그래서 책을 한 권 읽어도, 영화를 한 편 봐도, 작은 사건이 하나 일어나도, 저는 그것이 제 영혼과 사랑하는 십자가교회 가족에게 의미 있기를 바라며 몸부림칩니다.

저는 알고 있습니다. 저의 모든 설교가 부분적이고, 모든 글이 부분적이며, 모든 삶이 철저히 부분적이라는 것을 말입니다. 어쩌면 평생을 달려가도 저의 설교나 글이나 삶이 완전해지지 못할지도 모릅니다.

그러나 자신 있게 할 수 있는 말은 이것 하나입니다. 포기하지 않고 끊임없이 갈등하고 있다는 사실입니다. 또한 날마다 이 영적 경주를 하고 있으며 죽는 날까지 달려갈 것입니다. 어찌하든지 하나님의 갈등을 늘 품에 안고 살아가고자 합니다. 제가 다 이루지 못하면 저의 제자들이 이어갈 것입니다.

그동안 잘 사용해 왔던 핸드폰이 최근에 고장이 났습니다. 그래서 새 핸드폰을 사려고 매장에 갔습니다. 성도들은 "목사님도 이제 제발 스마트폰으로 바꾸세요"라고 합니다. 저도 솔직히 스마트폰을 갖고 싶습니다. 그래서 참 많이 갈등하고 기도했지만 결국은 휴대폰 매장에 딱 하나 남아 있는 폴더폰을 선택했습니다. 세상의 정보와 갈등하는 대신 하나님의 말씀과 갈등하며, 페이스북과 인터넷에서 갈등하는 대신 기도와 갈등하기로 결정했기 때문입니다.

지금 혹시 무슨 갈등을 하고 있습니까? 당신이 지금 하는 갈등이 곧 당신의 미래라는 것을 꼭 기억하십시오.

* 지금 바로 여기서

짧은 인생 속에서 역전(逆轉)만큼 사람들의 마음을 사로잡는 것이 또 있을까요? 최근에 열린 올림픽 경기에서도 전혀 불가능해 보이고 이제는 다 끝난 것 같은 상황에서 기적적으로 역전의 승리를 이룬 기사들은 메달의 색깔과 상관없이 더운 여름의 답답함마저 잠시 잊게 합니다.

학창 시절에 공부와 담을 쌓았던 사람이 유명 대학을 나와 탁월한 교수가 되거나, 선천적인 장애로 일상생활조차 힘들었던 사람이 대단한 운동선수가 되거나, 아주 가난한 환경에서 밥 먹듯이 굶던 사람이 큰 회사의 사장이 되어 남들을 돕는 이야기들은 우리의 가슴을 뛰게 만듭니다.

하지만 현실로 돌아와서, 실제로 이러한 역전을 이루는 사람들이 지극히 적음을 솔직히 인정하게 됩니다. 세상 사람들이 말하듯, 금수저와 흙수저의 차이가 극복되는 일은 거의 없고, 타고난 삶의 환경이나 재력 및 운명을 극복하는 것은 매우 특별한 소수의 이야기입니다. 다시 말해서, 우리는 그토록 역전의 인생을 꿈꾸지만 그 역전의 인생이란 나와 상관없는 꿈처럼 느껴집니다.

무엇보다 악하고 패역한 이 세대에 죄로 인해 죽을 수밖에 없는 인생이 선한 마음을 갖게 되거나, 따뜻한 언행심사로 변화되거나, 나를 넘어 남을 위해 사는 인생이 되는 것, 곧 사망의 인생에서 생명의 인생으로 역전하는 것은 어려운 정도가 아니라 거의 불가능에 가깝습니다.

그러나 이 불가능한 역전을 가능케 하시는 분이 계십니다. 예수 그리스도이십니다. 더 정확하게 말해서, 그분은 역전을 가능케 하시는 정도가 아니라 그 존재 자체가 '역전'이십니다. 그분은 죽었다가 잠시 소생하신 것이 아니라, 사망을 완전히 이기시고 생명이 되셨습니다. 그리고 그 놀라운 역전의 복음을 우리에게 주셨습니다.

그러므로 우리가 참된 복음을 받아서 그분과 연합하는 삶을 산다면, 그분의 역전이 매 순간 일어나는 것이 당연합니다. 누가복음 4장에 보면, 예수님이 공생애를 시작하시며 처음으로 회당에서 메시지를 선포하실 때, 바로 이러한 내용이 담긴 이사야서 61장을 읽으셨습니다.

> 주 여호와의 영이 내게 내리셨으니 이는 여호와께서 내게 기름을 부으사 가난한 자에게 아름다운 소식을 전하게 하려 하심이라. 나를 보내사 마음이 상한 자를 고치며 포로 된 자에게 자유를, 갇힌 자에게 놓임을 선포하며 여호와의 은혜의 해와 우리 하나님의 보복의 날을 선포하여 (1-2절).

예수님은 이 놀라운 역전의 메시지에 감탄하는 청중들을 향해 단호하게 선포하셨습니다. "이 글이 오늘 너희 귀에 응하였느니라"(눅 4:21). 그렇습니다. 이 역전의 복음은 나중에 이루어지는 것이 아니라 지금 바로 여기서 시작됩니다. 우리가 이 진짜 복음을 받아들이면 오른뺨을 맞아도 왼뺨을 돌려 댈 수 있고, 불의한 일을 당해도 감사할 수 있으며, 심지어 죽음 앞에서도 영원한 생명을 소망하기에 유머감각을 잃지 않을 수 있습니다.

그런데 왜 우리의 삶에 이러한 생명의 역전이 일어나지 않을까요? 그 이유는 예수 그리스도를 진정으로 삶의 구원자와 주인으로 모시지 않기 때문이며, 하나님의 말씀을 진리로 받아들여서 순종하지 않기 때문입니다. 복음이 가진 역전의 생명이 그 중심에 없고, 실제로는 세상의 가치와 운명론에 지배를 받으며 주일에만 잠시 하나님을 믿고 일상에서 모든 일을 자기 방식대로 처리하기 때문입니다. 그저 성경을 지식으로만 읽을 뿐이고, 그저 영화관에 가듯 예배에 참석할 뿐이기 때문입니다. 늘 대접만 받으려 하고, 자신이 편한 방식에 따라 선택적이고 부분적인 순종만 하기 때문입니다.

이제 우리는 복음이 가진 역전의 가치에 자신을 굴복시켜야 합니다. 성경은 그것을 회개라고 말합니다. 변화라고 말합니다. 예배라고 말합니다. 기도라고 말합니다. 순종이라고 말합니다. 그리고 십자가의 죽음이라고 말합니다. 이제는 내가 죽고 주님이 사셔야 합니다. 슬프게도, 우리가 타고 있는 인생의 열차는 사망이라는 마지막 역을 향해 쉼 없이 달려가고 있습니다. 오직 예수 그리스도의 십자가라는 복음의 열차로 갈아타는 것만이 우리의 인생을 역전시킬 수 있습니다. 다시 말해서, 이 역전은 해도 되고 안 해도 되는 것이 아닙니다.

지난 11년간 작은 교회의 담임목사로 있으면서 참 변화 없는 사람들을 보고 있습니다. 그들은 역전되지 않고 그저 여전합니다. 그들은 변화되지 않고 변질됩니다. 왜 우리는 생명의 복음, 역전의 복음을 믿으면서 그것을 누리지 못할까요? 작은 연고 하나를 발라도 치료가 되고, 편의점 음식 하나를 먹어도 배가 부르고, 짧은 시 한 편에도 감동을 받는데, 왜 우리는 신앙을 수십 년간 흉내만 내는 걸까요? 이제 아무런 역전이 없는 자신의 심장에 손을 얹고서 목숨을 걸고 대답해야 합니다.
"예수님을 믿고 내 인생은 역전되고 있는가?"

* 사건과 이야기

20년 넘게 목회자로 살아오면서 제 나름대로 만든 두 용어가 있습니다. 물론 국어사전에서 정의하는 의미와는 많은 차이가 있을 것입니다. 하지만 저는 이 두 용어를 나름대로 정의하여 목회의 영적 지표로 삼고 있기에 아주 중요하게 생각합니다.

그 용어 중 하나는 '사건'입니다.
저는 일주일 동안 많은 사람을 만납니다. 교회의 성도들뿐만 아니라 이메일이나 전화상으로 만나는 사람도 있고, 상담을 하거나 직간접적으로 책과 글을 통해서 만나는 사람도 있습니다. 그들에게는 모두 하나같이 사건이 있습니다. 어릴 적 부모에게 받은 학대나 사업의 실패, 교통사고, 암, 수술, 크고 작은 죄로 인한 고통과 시련, 무엇보다 영적 문제로 인한 이혼, 실연, 죽음의 위기까지 아주 다양합니다. 바로 이 모든 것들이 사건입니다.

또 다른 용어는 '이야기'입니다.

제가 정의하는 이야기는 바로 앞에서 말한 사건들이 복음과 하나님을 통해 새롭게 해석되거나 해결된 것을 말합니다. 더 정확하게 말하면, 사건들이 의미를 갖게 되었다고 볼 수 있습니다. 어떤 사람의 질병이나 고통이 여전히 진행 중이지만 하나님으로 인해 그것을 이전과는 다르게 받아들이는 것을 말합니다. 어릴 적 부모에게 받은 고통이나 과거의 상처를 추억이나 문제로만 가지고 있는 것이 아니라, 그것이 자신을 비롯하여 다른 사람을 이해하고 하나님의 복음을 전할 수 있는 통로요 간증으로 변화된 것을 저는 이야기라고 부릅니다.

그러므로 제가 죽는 날까지 하고자 하는 일은 '사건을 이야기로 바꾸는 것'입니다.

물론 이 일은 인간의 힘으로만 되지 않습니다. 철저하게 하나님의 은혜와 섭리 속에서 진행됩니다. 하지만 우리가 가만히 있어야 하는 것은 아닙니다. 실수가 없으신 하나님이 우리 인생에 허락하신 사건이 있다면, 설령 그것이 우리의 죄와 실패로 인해 더 악화되었다고 할지라도 여전히 하나님 앞에서 모든 사건은 이야기가 될 수 있다고 믿습니다.

성경은 그런 이야기들로 가득합니다. 형을 속여 장자권을 빼앗은 동생이 승리자가 되는 이야기, 부모의 무시와 장인어른의 창을 피해 도피생활을 하던 사람이 왕이 되는 이야기, 고집과 이기심으로 배를 타고 도망가던 사람이 물고기 뱃속에 들어갔다가 나와서 작은 넝쿨나무 아래에서 참된 선지자가 되는 이야기 등이 나옵니다. 그리고 무엇보다 우리가 기억해야 할 이야기는 신으로 존재하던 위대한 말씀께서 사람의 몸을 입고 오셔서 이 세상을 구원한 이야기입니다. 이제 우리는 그 이야기를 이어 가기를 간절히, 그리고 담대하게 도전받고 있습니다.

당신에게는 어떤 사건들이 있습니까? 그 사건들은 이야기가 되어 가고 있습니까? 저는 그것을 '변화'라고, '회개'라고, 그리고 '진짜 복음'이라고 말하고 싶습니다.

Be story! 당신의 사건이 하나님의 이야기가 되어 가기를 바랍니다! 제가 그랬던 것처럼 말입니다.

* 온유함의 신비

저는 개인적으로 머리 좋고 말 잘하는 사람보다 온유한 사람이 참 부럽습니다. 온유한 사람의 말과 삶에는 예수님이 담겨 있기 때문입니다. 하지만 온유함이 무엇인지 설명하기란 쉽지 않습니다. 그래서 나름대로 성경을 찾아 정리해 보았습니다.

먼저 성경에서 '온유'를 찾아보면, 이 표현이 30번 정도 나옵니다. 그중 온유라는 표현이 가장 먼저 나오는 곳은 민수기 12장입니다. 모세가 구스 여자를 아내로 얻자, 미리암과 아론이 비방합니다. 미리암은 모세의 누나이며 아론은 모세의 형이지요. 그들은 "하나님께서 모세와만 말씀하셨느냐? 우리와도 말씀하지 아니하셨느냐!"라고 합니다. 이것은 모세만 특별하고 대단한 존재가 아니라는 말입니다. 모세를 낮추고 무시한 언행입니다. 그러나 그 순간 모세는 잠잠했습니다. 당연히 모세도 할 말이 많았을 것입니다. 변명이라도 할 수 있었을 것이고 자신의 위치를 사용해 겁박할 수도 있었을 것입니다. 하지만 모세는 아무 말 하지 않습니다. 성경은 이에 대해 특별한 설명을 덧붙입니다.

이 사람 모세는 온유함이 지면의 모든 사람보다 더하더라 (민 12:3).

여기서 온유함의 비밀을 발견하게 됩니다. 온유함은 겸손이나 자비와 비슷한 말이지만, 제 개인적으로는 이 단어가 더 시련과 연단을 통과한 말로 들립니다. 다시 말해서, 온유함이란 근본적으로 선천적 자질이라기보다는 외부의 강한 고난과 시련을 통해서 자신이 낮아지고 연단된 상태를 묘사하는 말입니다.

히브리어로 온유함을 나타내는 단어 '아나브'는 가장 먼저 '억압된 상태나 어려운 환경으로 인해 어떤 인격적 존재가 낮추어진 상황'을 배경으로 합니다. 그래서 그 사람이 자신에 대해 높아진 태도를 낮추어 부드러워지며, 사려 깊은 상태로 변화된 것을 그리고 있습니다.

온유함의 밑그림은 좋은 환경이나 칭찬이나 격려보다는 시련과 고난을 통해 깎이고 다듬어진 성품입니다. 그러나 시련과 고난을 겪는다고 무조건 다 온유해지는 것은 아닙니다. 제 주변에 있는 사람들만 봐도 과거의 시련과 고난이 그 사람을 더욱 강퍅하게 하고 차갑게 만든 경우가 많습니다. 온유한 성품을 가진 사람은 단순히 시련과 고난을 경험한 사람이 아니라 그 시련과 고난을 통해 변화되고 다듬어진 사람입니다. 즉 시련과 고난의 목적성을 이룬 사람이라고 할 수 있습니다.

그러면 시련과 고난의 목적성이란 무엇일까요? 단도직입적으로 말해서, 시련과 고난의 목적성이란 바로 예수 그리스도입니다. 우리는 구약의 수많은 예언들에서 이스라엘 백성을 회복하고 구원하시기 위해 오실 메시아가 시련과 연단을 통해 궁극적인 온유함을 가지고 오실 것을 보게 됩니다. 즉 시련과 연단을 통해 예수 그리스도의 성품과 사역이라는 목적지를 향해 가는 것이 온유함이라는 성품이 가진 아름다운 가치로 보입니다.

어떻게 이 온유함을 이룰 수 있을까요? 먼저 우리의 죄로 인한 시련과 고난은 빨리 회개하여 벗어나야 합니다. 그러나 하나님이 허락하신 삶의 환경과 상황을 통해 겪는 시련과 고난이라면, 온전히 감사하고 그 시간을 충분히 인내하며 그 가운데 주시는 감동에 따라 순종함으로써 온유함을 이루게 됩니다. 결국 예수 그리스도를 닮게 됩니다. 그러므로 온유함에는 시련과 환난, 감사와 순종 및 신실함이 필연적으로 함께합니다.

그래서 신약으로 넘어와서 '온유'(헬라어로 '프라우스')가 나오는 문장들은 대다수 하나님 나라와 그 나라의 왕 되신 예수 그리스도의 성품과 직간접적으로 연결됩니다. 예수님은 마태복음 11장 29절에서 "나는 마음이 온유하고 겸손하니…"라고 하십니다.

고린도전서 13장에 나오는 사랑의 특징 가운데 하나는 온유함입니다. 갈라디아서 6장은 범죄한 자들을 변화시키기 위해 영적 지도자들에게 "온유한 심령, 곧 예수님의 마음으로 그런 사람들을 바로잡아 주라"고 당부합니다. 디모데후서 2장은 주의 종의 자질로서 "모든 사람에 대하여 온유하며 가르치기를 잘하며 참으라"고 도전합니다. 야고보서 1장과 3장도 하나님의 말씀을 "온유함으로 받으라"고 권면하며, 선한 행동이 "지혜의 온유함으로 실천될 때" 열매가 있을 것이라고 말합니다.

결국 온유함이란 온실의 화초가 보여 주는 안전한 부드러움이나 책상에 앉아서 오로지 글만 쓰는 보드라운 손의 말장난이 아니라, 거친 광야와 굳은 돌 사이에서 피어나 불어오는 강한 바람에 날리는 들꽃의 향기와 같고, 억센 농부와 사선을 넘어서 살아 돌아온 아버지의 거친 손으로 안아 주는 포옹과 같습니다. 그것이 바로 십자가의 죽음을 지나 부활의 몸으로 제자들을 만나시고, 자신을 세 번이나 부인한 베드로에게 말을 걸어 주시던 음성이며, 믿지 못하겠다던 도마에게 보여 주신 못 자국 난 손과 같을 것입니다.

수없이 많은 것을 달라고 요구하는 저는 어쩌면 그 온유함이라는 그릇이 아직 준비되지 않았는지도 모르겠습니다. 그래서 오늘 밤은 간절히 한 가지만 기도합니다. "주님, 저를 온유하게 만드소서.

* 영혼의 기저

누군가 교회 문을 두드렸습니다. 문을 여는 순간, 밀려오는 지독한 땀 냄새는 그가 얼마나 오랫동안 그 화장지 롤을 들고 길을 걷고 걸었으며 또 계단을 오르내렸을지를 충분히 짐작하게 하는 선명한 후각적 각인이었습니다. 아울러 그는 그 과정에서 수많은 거절을 받았을 것이고, 그러한 거절을 넘기면서도 다시금 희망을 가지고 이 상가 교회 3층의 가파른 계단을 올라왔을 것입니다.

그가 예수님을 믿는지는 알 수 없었지만 올라온 만큼이나 다시 내려가야 할 것을 알면서도, 더 높은 이곳까지 올라오는 수고를 한 이유는 아마도 기독교가 가진 일말의 자비에 호소하기 위함이 아니었을까요. 이런 짧은 생각의 궤적이 마무리될 즈음, 그의 음성이 들렸습니다.

"목사님, 이거 하나만 사 주세요."

그 짧은 문장과 솔직한 표정 속에서, 저는 그가 지나온 과거의 고된 흐름을 조금이라도 바꾸어 주고 싶은 마음이 간절해졌습니다. 긴 여행길에 잠시 앉아서 쉴 수 있는 그늘과 긴 사막을 여행하다 만난 오아시스의 물처럼 말입니다.

"아저씨, 얼마인가요?"

그는 화장지를 보여 주며 한 롤에 5천 원이라고 했습니다. 화장지에 대한 전문 지식이 전혀 없었지만 그 화장지가 매우 질이 떨어지는 제품이라는 것 정도는 단번에 알 수 있었습니다. 그러나 상관없었습니다. 얼른 서재로 달려가 지갑을 열었습니다. 다행히 오늘 아침에 점심을 사 먹으려고 챙겨 온 만 원짜리 지폐가 한 장 있었습니다. 5천 원으로 화장지를 사고, 남은 5천 원으로 점심을 먹으면 될 것 같았습니다.

"아저씨, 한 롤만 사겠습니다. 5천 원 거슬러 주세요."

그는 지금 잔돈이 없다며 잠시만 기다려 달라고 했습니다.

그러고는 화장지 한 롤을 교회 앞에 내려놓고 급하게 내려갔습니다. 저는 교회 문을 열어 놓고 기다렸습니다. 하지만 5분이 지나고 10분이 지나도 그는 오지 않았습니다. 계단을 내려가 보니 2층에 화장지 한 롤이 덩그러니 남겨져 있었습니다.

참 신기한 것은, 제가 5천 원짜리 화장지 한 롤을 살 때는 예수님의 마음이었는데, 5천 원짜리 싸구려 화장지 한 롤을 더 가지고 교회로 올라오면서 마음이 바뀌고 말았다는 것입니다. 방금 전까지 그를 돕고자 했던 마음이 순식간에 분노로 바뀌고 말았습니다. 화장지 두 롤을 교회에 놓고 나니 말할 수 없는 배신감과 한숨이 밀려왔습니다. 조금 전까지 읽었던 성경책도 눈에 들어오지 않았고, 설교 준비도 더 이상 하고 싶지 않았습니다.

어찌 보면 아무것도 아닌 일로 인해, 지난 수년간 상가 교회를 꾸리며 억울하게 당했던 배신들이 전부 다 고통스럽게 살아나기 시작했습니다. 재정적으로 도와주겠다고 약속해 놓고 연락 한 번 없는 지인들, 감동받았다고 해놓고는 자기 죄에 대한 지적을 받자 결국 험한 말로 저를 비난하던 사람들, 예배에 나오겠다고 기도하겠다고 심지어 이 교회에 뼈를 묻겠다고 해놓고 말없이 떠나 버린 사람들의 얼굴이 주마등처럼 스쳐 갔습니다.

아무것도 손에 잡히지 않아서 본당에 주저앉았습니다. 너무 억울해서 하나님을 원망하고 불평했습니다. 그러다가 예배당 앞에 걸린 십자가가 눈에 들어왔습니다. 한참 동안 바라보고 있노라니, 이 작은 예배당 앞에 걸린 작은 그 십자가가 조금씩 조금씩 흐려졌습니다. 그 십자가 뒤에서 주님이 이렇게 조용히 말씀하시는 것 같았습니다.

"산아, 네가 당한 그 몇 번의 배신으로 속이 상하냐? 그렇다면 내가 온 인류를 구원하기 위해 지금까지 당한 배신은 얼마나 고통스러운 것이겠느냐? 그 십자가의 과정 없이 어떻게 부활의 영광을 보려고 하느냐?"

저는 그 옛날, 하나님의 질문 앞에 선 욥처럼 아무 말도 할 수 없었습니다. 주님께 했던 수많은 헛된 고백들, 지키지 못한 약속들, 그분을 가슴 아프게 했던 배신들을 생각하니 참으로 부끄럽고 죄송했습니다. 그 수없는 배신을 참아 주신 주님과 지금도 제 안에서 말할 수 없는 탄식으로 기도하시는 성령님을 생각하니 새로운 눈물이 하염없이 흘렀습니다.

한참을 울고 나서 그 싸구려 화장지를 꺼내 눈물을 닦았습니다. 십자가에 못 박히신 주님이 싸구려 포도즙으로 마지막 목을 축이며 하나님의 뜻을 이루셨듯이, 저도 싸구려 화장지로 눈물을 닦으며 목사가 되어 갑니다. 그러면서 깨달았습니다. 제 삶의 가장 깊은 곳, 바로 제 영혼의 기저에 무엇이 있는지 말입니다.

* 쉬는 훈련

운전을 기가 막히게 하던 친구가 있었습니다. 장롱 면허로 20여 년을 지낸 저 같은 사람이 그 친구의 자동차를 타면 별천지를 경험하게 됩니다. 그 친구의 특징은 브레이크를 밟지 않는 것입니다. 시동을 걸고 기어가 5단까지 가는데 그리 오랜 시간이 걸리지 않습니다.

그 친구는 늘 말했습니다. "브레이크를 밟는 건 의미 없는 일이야! 브레이크를 밟아야 한다고 느낄 때, 실제로는 액셀을 밟아야 하지!" 그러고는 바로 앞에서 급정지하는 자동차를 순식간에 추월했습니다. 저 같으면 브레이크를 밟아야 할 상황이었는데, 그 친구는 더 속도를 내어 앞으로 나아갔습니다. 그 친구의 자동차를 탈 때마다 느끼는 것은, 그 친구의 자동차는 서거나 쉬지 않는다는 것입니다. 오직 출발과 도착이 있을 뿐입니다.

그러던 어느 날, 그 친구의 다급한 목소리가 전화기 너머로 들렸습니다.

"산아…나 사람을 죽였어."

늘 액셀만 밟던 그 친구는 그날도 평소와 다를 바 없이 멈추지 않고 달렸다고 합니다. 횡단보도를 느리게 걸어가는 한 여자를 보고 충분히 더 빠른 속도로 지나칠 수 있다고 생각했지만, 그 여자의 손을 벗어나 달려 나가는 아이를 보지 못한 것입니다. 아니, 보았지만 속도를 늦추기에는 너무 늦어 버렸다고 합니다. 아이는 현장에서 즉사했습니다. 제 친구의 자동차는 잔인하게 아이와 부딪쳤고, 뒤늦게 밟은 브레이크처럼 그 아이의 심장도 멈추어 버렸습니다. 그날 이후로 그 친구는 지금까지 운전을 하지 않습니다. 멈추지 않았던 삶은 영원히 멈추어 버렸습니다.

어느 순간부터 우리 삶에서 '쉼'이 사라져 버렸습니다. '쉬고 있다'는 말은 '무능하다'는 말로 들리고, '바쁘다'는 말은 '열심히 살고 있으며 성공을 향해 가고 있다'는 의미로 치환된 지 오래입니다. 더 안타까운 것은, 사람들이 달리는 연습과 속도를 내는 연습을 너무 많이 해서인지 쉬는 법 자체를 잃어버렸다는 것입니다.

담배를 끊는 사람과 술을 끊는 사람에게만 금단 현상이 있는 것이 아닙니다. 쉬는 법을 잃어버린 현대인들은 인터넷, 텔레비전, SNS가 없는 시간에 더 불안해하고 쉼 속에서 더 고통스러워합니다. 쉼은 오래전에 우리 삶에서 사라져 버렸습니다. 제 친구처럼 출발과 도착만 있을 뿐입니다.

그리스도인들조차 진정한 쉼을 누리지 못하고, 쉼을 두려워합니다. 끊임없이 분주하고 계속 일만 합니다. 아무리 구약의 안식일이 신약의 주일로 바뀌어서 쉼의 개념이 발전되었다고 할 수 있을지라도, 사람은 한계를 가진 존재이며 쉼은 한계를 가진 존재가 선택해야 할 옵션이 아니라 필수적으로 누려야 할 과정임을 놓치고 있습니다.

우리는 멈추지 않으며, 잠시라도 기다리지 못합니다. 조금만 더 여유를 가지고 주님과 사람들의 한 걸음 뒤에서 따라가지 못합니다. 심지어 주님이 서서 쉬고 계실 때조차 우리는 쉬지 못합니다. 우리는 게으름과 나태함을 쉼과 혼돈하기 시작했고, 조급함을 열정이라 부르게 되었습니다.

하지만 쉼이 없다는 것은 여유가 없는 것 정도가 아니라, 하나님과 다른 시간표를 만드는 것입니다. 하나님의 시간표에 나를 맞추는 것이 아니라 나의 시간표에 하나님을 맞추는 것입니다. 시간 너머에 계신 하나님을 우리의 시간 속에 가두는 것입니다.

하나님은 제게도 쉼을 도전하고 부탁하셨습니다. 십자가교회를 개척한 후로 9년 2개월 동안 담임목사로 쉼 없이 달려왔습니다. 하지만 언제부터인가 조급한 매일의 일정 속에 갇혀서 제 몸이 조금씩 상해 가는 것을 느끼게 되었습니다. 비문증과 허리의 통증, 그리고 손목의 통증이 사라지지 않고 커져 갔습니다. 그러자 하나님은 의사와 아내, 친구와 이웃을 통해 말씀하셨습니다. 쉬어 가라고 말입니다. 멈추라고 말입니다. 그만두라는 것이 아니라 쉬라고 말입니다.

솔직히 너무 어려운 결단이었습니다. 하루라도 쉬면 제가 할 수 있는 일을 다른 사람이 할 수 없었고, 무엇보다 교회나 가정의 재정 운영을 장담할 수 없었습니다. 하지만 '하는 것'만이 아니라, '하지 않는 것' 역시 순종임을 알기에 한 달을 쉬었습니다. 쉼은 갑작스런 사고 후에 어쩔 수 없이 맞이하는 수동적인 옵션이 아니라 적극적으로 찾아서 누려야 할 삶의 필수 과정임을 이제는 압니다.

지난 한 달을 쉬었습니다. 이 기간은 전혀 새로운 종류의 순종이었고 고난이기도 했습니다. 아침부터 저녁까지 가족들과 함께 지내며 삶을 나누고, 라면을 끓여 먹고, 늦둥이 다연이를 안아 주었습니다. 너무 빨리 달려가느라 보지 못했던 들풀 같은 내 아이들과 아내의 걸음걸이에 맞추어 천천히 걸었습니다.

늘 강단에서 메시지를 전했던 20여 년의 시간을 멈추고, 지역 교회 목회자들의 메시지를 아이들과 함께 성도석에서 들으며 우리 성도의 입장이 되어 보았습니다. 많은 깨달음이 있었고 회개가 있었습니다. 도전도 있었고 포기도 있었습니다. 생명에 내쉼과 들이마심이 공존하듯, 앞으로 저의 사역과 삶에도 쉼과 일함이 함께해야 함을 도전받았고, 이제 그렇게 해나가도록 일정과 사역을 점검해 볼 생각입니다.

제가 안식월에 들어갈 때 주님이 주셨던 마음처럼, 음악을 만드는 악보에는 크고 작은 음표만 있는 것이 아니라 쉼표도 함께 있습니다. 그리고 제가 아무것도 하지 않을 때, 하나님은 더 많은 일을 하셨습니다. 더 이상 할 수 없어서 그만두어야 할 때가 오기 전에, 할 수 있음에도 불구하고 잠시 쉬는 훈련을 통해 저는 하나님의 큰 그림을 보게 되었습니다. 쉬면 아무것도 안 될 줄 알았지만, 하나님은 제가 쉬는 동안 더 많은 일을 하셨습니다.

이제 다시 시작입니다. 한 주간 주일예배를 준비하면서 교회를 처음 개척했던 마음이 기억났습니다. 하지만 미숙한 재탕이 아니라 성숙하고 신선한 새로운 시작이 되기를 소망합니다. 금요일 밤, 집에서 가족들과 함께 찬양과 기도를 하고 이제 책상에 앉았습니다. 많은 밀린 일들이 눈에 보이고, 여러 사람의 얼굴이 지나갑니다. 하지만 무엇보다 선명하게 보이는 것은 주님의 얼굴입니다. 저를 부르신 주님, 제 인생과 사명을 책임

지시는 주님, 십자가교회의 주인 되신 주님, 온 인류의 왕 되신 주님 앞에 새로운 기대와 소망을 가지고 다시 섭니다.

* 가을, 아니 겨울

짧은 가을의 마지막 발자국이 사라지려고 하는 11월이 되면, 그해 늦은 가을 운동회가 생각납니다. 모든 아이들이 기대하고 좋아하는 초등학교 운동회. 하지만 그날은 우리 두 형제에게 무척이나 슬픈 날로 변해 버렸습니다.

작은 교회를 이끄시던 아버지를 성도 몇 사람이 줄기차게 미워했던 기억이 납니다. 직접적으로 혹은 간접적으로 그 성도들은 아버지에게 부정적인 태도와 압력을 가했고, 그로 인해 아버지는 무척이나 힘든 상황이 되고 말았습니다. 아버지가 밖에서 받은 스트레스는 자연스레 집안으로 들어왔고, 아버지는 어머니와 심하게 다투셨습니다. 아버지는 일체 서재에서 나오지 않으셨고 어머니는 잠시 집을 나가셨습니다.

기다리던 운동회 날이 되었지만, 우리 두 형제는 도시락 없이 가야 했습니다. 운동회 오전 행사를 마치고 모든 아이들이 자기 부모님이 기다리는 자리로 뛰어갈 때, 우리 두 형제는 갈 곳이 없었습니다. 인생이란 그렇게 상대적인 것이었습니다.

점심 한 끼. 어쩌다 보면 신나게 놀다가 건너뛸 수도 있는 것인데, 남들이 다 풍성하게 누리고 있는 상황이다 보니 그날따라 우리는 더 배고프고 초라하게 느껴졌습니다. 점심시간은 참으로 길게 느껴졌고, 뭐라 설명할 수 없는 복잡한 마음 때문에 시원한 가을바람도 높은 가을 하늘도 마지막 남은 가을의 따사로운 햇살까지도 고문처럼 느껴졌습니다.

그런데 저 멀리서 누군가 우리 형제의 이름을 불렀습니다. 우리가 도시락을 준비하지 못한 것을 우리 교회 성도 한 분이 뒤늦게 알아차린 모양입니다. 하지만 그 성도는 우리 아버지를 미워하는 이들 중 한 명으로 교회와 우리 가정에 고통만 안겨 준 사람이었습니다(그 당시 제가 얼마나 정확하게 알았을까요? 그냥 저는 그렇게 알고 있었습니다).

그 순간 입맛이 달아났고 그 성도가 준 음식에 입도 대고 싶지 않았습니다. 그런데 동생은 배가 고프다며 계속 먹자고 했습니다. 화가 나서 동생을 끌고 운동장 저 끝으로 갔습니다. 그 운동회가 어떻게 끝났는지 기억조차 나지 않습니다. 다만 운동장 수돗가 옆에 달린 작은 거울에 제 모습이 아프게 일그러져 있던 것은 생각납니다.

이따금 깊은 기도 시간을 통해 주님은 저를 과거로 보내 주십니다. 과거를 떠올려 주시면, 저는 그 시절 그때로 돌아갑니다. 그러면 조금씩 더 넓은 것들과 더 깊은 것들이 보입니다. 그 시절 제가 모든 것을 다 보았고 다 알았다고 착각하고 있었지만, 사실 저는 아무것도 보지 못하고 있었습니다.

배가 고픈 동생의 고통도, 아버지의 힘든 목회도, 어머니의 고통스러운 눈물도, 그리고 우리 아버지와 갈등이 있었지만 우리 형제를 긍휼히 여겨 우리 이름을 부르며 음식을 나눠 주려고 했던 그 이름 모를 성도의 용기도 말입니다. 그 무엇보다 제 자신을 보지 못했습니다. 왜냐하면 그때는 하나님이 제게 주신 영혼의 거울을 보지 않았기 때문입니다.

마흔이 훌쩍 넘은 지금 그때를 돌아보면, 그 음식 하나 받아먹는 일이 왜 그리도 힘들었을까 생각하게 됩니다. 분명 완고하고 고집스러운 제 자아 때문이었을 것입니다. 아무것도 모르면서 전부를 아는 것처럼, 그저 제 자신을 위하고 있으면서 모든 사람을 위하고 있는 것처럼, 허위와 허식의 저를 공의와 정의의 저로 포장하면서 동생을, 제 영혼을, 그리고 무엇보다 하나님의 마음을 아프게 했습니다.

이제는 제 삶에 그분이 주신 거울이 많아졌습니다. 하나님은 말씀이 거울이 되게 하시고, 기도가 거울이 되게 하시고, 예배가 거울이 되게 하십니다. 마음 아프게 하는 성도들이 저를 보게 하는 거울이요, 삶에서 일어나는 여러 사건들이 저를 보게 하는 영적 거울입니다. 결국 문제는 저요, 제가 변화되어야 모든 것이 바뀌는 것입니다. 제 눈에 있는 거대한 들보를 발견하는 순간, 남의 눈에 있는 작은 티는 아무것도 아님을 알게 됩니다.

돌을 들고 와서 분한 태도로, 간음한 여인을 쳐 죽이고 싶었지만, "너희 중에 죄 없는 자가 먼저 돌로 쳐라"는 그분의 음성을 듣고 나니, 돌에 맞아 죽어야 할 저 여인은 다름 아닌 저 자신이었음을 깨닫습니다. 돌을 내려놓고 뒤로 돌아서니 이제야 가을이 보입니다. 그리고 그 가을빛이라는 거울에 비치는 제가 보입니다.

가을과 거울은 발음만 비슷한 것이 아닙니다. 가을과 거울은 많이 닮았습니다. 한 해 동안 수고한 농부의 모든 것이 가을에 거울처럼 드러나기 때문입니다. 우리의 인생도 마찬가지입니다. 각자 살아온 삶의 열매가 인생의 가을이 되면 거울처럼 보이기 때문입니다. 그러므로 우리는 이 가을에 자꾸만 자신을 보는 거울 앞에 서야 합니다.

갑옷처럼 덮은 완고한 표정과 거친 말, 고집스러운 태도와 항상 누군가의 탓으로 돌리는 비난과 비판을 접고, 이제는 자신을 보아야 합니다. 하나님이 주신 영적 거울에 늘 자신을 비추어 보아야 합니다. 그러면 상황이나 다른 사람이 아니라 자신이 변화되어야 할 것이 보입니다. 이것이 바로 내가 죽고 그리스도께서 사시는 비밀이며, 참 생명으로 회복된 나를 통해 모든 것이 변화되는 시작입니다.

다시 한번 그 가을 운동회로 돌아갈 수 없겠지만, 이제야 수돗가 작은 거울 앞에서 환하게 웃는 저를 봅니다. 그리고 힘차게 동생의 손목을 잡고 말합니다. "아우야, 우리 밥 먹으러 가자!" 이제야 저는 가을을 만났습니다. 아니, 이제야 거울을 만났습니다.

* 바로 당신이기에

　집에 백 원짜리 동전 하나가 귀하던 시절이 있었습니다. 결혼하고 나서 첫째 딸이 태어나고, 시간이 더 흘렀지만 상황은 크게 나아지지 않았습니다.

　어느 날 아내가 외출했고 저는 어린 딸과 함께 저녁으로 라면 하나를 끓여서 먹었습니다. 그날따라 우리 딸은 라면을 맛있게 잘 먹었습니다. 배가 고팠지만 딸이 잘 먹는 모습이 예뻐서 그냥 남은 라면 국물에 식은 밥이라도 말아 먹으려고 기다렸습니다. 그런데 라면을 거의 혼자서 다 먹은 딸이 라면 국물에 만 밥까지 맛있다면서 계속 먹는 것입니다.

참 신기하게도, 딸이 라면을 먹는 모습은 예뻐 보였는데 남은 국물에 만 밥까지 먹는 모습은 그리 예뻐 보이지 않았습니다. 웃기는 이야기로 들릴지 모르지만, 그때 저는 정말 힘들었습니다. 아버지인 저도 먹어야 하는데, 딸은 그 생각을 전혀 하지 않고 있었습니다. 어쩔 수 없이 딸이 배를 채우기를 기다렸다가 마지막으로 남은 국물과 밥 조금을 먹고 설거지를 했습니다. 그런데 설거지를 하면서 뭐라 정의할 수 없는 눈물이 자꾸만 싱크대 속으로 떨어졌습니다.

밥을 든든히 먹고 난 딸은 이내 잠이 들었고, 저는 딸이 깰까 봐 큰 소리도 내지 못하고 한쪽에서 조용히 기도했습니다. 억울하고 속이 상했습니다. 배가 고팠고 또 힘들었습니다. 한참을 그렇게 주님께 답답한 마음을 토로하며 쏟아 놓고 있었습니다. 얼마나 지났을까, 주님이 조용히 물어보셨습니다.

"너는 누구냐?"

저는 곧바로 대답하지 못했습니다. 무엇을 대답해야 할지도 몰랐습니다. 그러자 주님이 이렇게 물어보셨습니다.

"너는 지금 이 아이에게 누구냐?"

그랬습니다. 저는 이 아이에게 아버지였습니다. 이 아이에게 무언가를 받는 사람이 아니라 주는 사람이었습니다. 그리고 그것은 상황과 상관없이 주어진 저의 이름이요 정체성입니다. 이 아이가 아무리 아파도, 이 아이가 죄를 지어도 저는 아버지입니다.

제가 부유하고 여유가 있어 모든 것이 만족스러울 때만이 아니라, 가난하고 궁핍하며 심지어 제 모든 것을 이 아이가 가져가도 저는 아버지입니다. 제가 누구인가는 상황과 아무 상관이 없습니다. 오히려 상황이 더 어려워질수록 제가 이 아이의 아버지임을 더 선명하게 해야 합니다. 그리고 그 소중한 아버지라는 이름을 하늘 아버지께서 주셨음을 깨닫게 되었습니다. 다른 누군가가 아니라 제게 그것을 감당할 책임과 능력과 특권을 주셨습니다.

얼마 되지 않아서 딸아이는 악몽을 꾸었는지 잠에서 깨어나 울었습니다. 아이를 안고 달래 주었습니다. 쉽게 울음을 그치지 못하는 아이와 함께 울었습니다. 그리고 하나님께 감사의 기도를 드렸습니다.

"하나님, 감사합니다. 제가 이 귀한 딸의 아버지가 되게 해주셔서 감사합니다. 그리고 수많은 상황을 통해서 저를 아버지로 성장하게 해주셔서 감사합니다."

지금 많이 지쳐 있고 당신의 삶이 어렵고 고통스럽습니까? "내가 왜? 왜 나에게 이런 일이?"라는 분노와 원망이 마음속에서 솟아오른다면, 조용히 자신에게 물어보십시오. "나는 누구인가?" 하고 말입니다. 아마 하나님이 이렇게 말씀하실 것 같습니다.

"왜냐고? 바로 너니까!"

엘리, 엘리, 라마 사박다니….
처절한 십자가의 고통 가운데서 예수님이 "나의 하나님, 나의 하나님, 어찌하여 나를 버리셨습니까?"라고 물으셨을 때, 하나님은 침묵하셨습니다. 하지만 예수님은 그 대답을 분명히 아셨을 것입니다.

"왜냐고? 바로 너니까!"

* 의지의 역전

'의지'라는 가치에 대해 생각할 때마다, 지금도 잊히지 않는 그 날이 생각납니다.

그날은 휴일이었습니다. 우리 교회 주일학교 선생님도 직장인으로서 하루 쉬셔야 했던 날이었을 것입니다. 하지만 그날, 선생님은 우리 반 아이들을 위해 특별한 준비를 하셨습니다. 작은 버너와 물이 가득 든 주전자, 그리고 라면을 한가득 가방에 챙기시고는 우리와 등산을 하셨습니다. 열 명 남짓한 우리는 아무런 준비 없이 선생님을 따라 산에 올랐습니다. 먹을 것이 귀하던 그 시절, 선생님은 사비로 라면을 준비하셨고 그 무거운 짐을 산 정상까지 메고 가셨습니다.

드디어 정상에 도착했습니다. 선생님은 버너 위에 물 주전자를 올려놓고 물이 끓자 라면 봉지가 터지지 않게 조심스레 열어서 라면 열한 개와 스프를 넣으셨습니다. 잠시 후 라면이 다 익자, 빈 라면 봉지에 담아서 우리에게 하나씩 건네셨습니다. "라면이 주전자에 있을 때는 주전면이고 봉지로 옮기면 봉지면이다"라고 농담까지 하시면서 말입니다. 그런데 저는 그날 라면을 먹지 못했습니다. 아니 정확하게 말하면, 일부러 한입도 먹지 않았습니다.

기대에 찬 등산길에서 선생님이 모두를 웃기려고 어떤 농담을 하셨는데 제 이름으로 장난을 치셨기 때문입니다. 저는 제 이름으로 장난을 치는 것이 정말 싫었고, 학교에서 그런 놀림을 받는 것에 지쳐 있었습니다. 그런데 교회까지 와서 그런 놀림을 받으니 너무 화가 났습니다. 선생님은 미안하다고 하셨고 저를 위해 끝까지 라면을 남겨 주셨지만 저는 '최씨 고집보다 더 세다는 강씨 고집'으로 라면을 먹지 않았고, 산을 내려오는 길에도 말 한마디 하지 않았습니다.

분명히 그날 제게 있었던 그 의지는 고집스럽고 유치하며 악한 의지였습니다. 그 의지는 하나님께로부터 나오지 않았고 하나님께로 향하지도 않았습니다. 악한 그 의지는 자신의 소중한 시간과 물질을 내어 섬긴 우리 주일학교 선생님의 의지를 어렵고 힘들게 만들었습니다.

이따금 사람들이 "저는 의지가 약해요"라고 말하는 것을 듣게 됩니다. 그러나 저는 의지가 약한 사람은 이 세상에 아무도 없다고 단언합니다. 예를 들어, 어떤 남자가 자신이 공부하는 것에는 의지가 약하다고 하면서도 밤새도록 오락을 하는 것을 수없이 보았고, 어떤 여자가 자신이 기도하는 것에는 의지가 약하다고 하면서도 날마다 물건을 사서 택배를 받는 일에는 사라지지 않는 의지가 있는 것을 보았기 때문입니다. 그러므로 의지란 단순히 태도의 문제가 아니라 내용의 문제이며, 시간의 문제가 아니라 삶의 문제라는 것을 깨닫습니다.

많은 그리스도인이 지적인 앎이나 감정적인 도전에서 신앙의 마침표를 찍지만, 실제로 의지의 영역으로 넘어가지 않으면 열매가 없다고 보아야 합니다. 의지의 영역에서 이루어진 결과가 자신이 참된 그리스도인인가 아니면 거짓된 그리스도인인가를 증명합니다. 그러므로 우리에게 필요한 것은 약한 의지를 강하게 만드는 것이 아니라, 육신의 의지에서 영의 의지로, 세상을 향한 의지에서 하나님을 향한 의지로 전환하고 역전시키는 것입니다.

지난 한 주간 많이 아팠습니다. 병은 강력한 의지를 가지고 저를 힘들게 만들었습니다. 그와 동시에 그 병으로 인해 주어진 의지를 제 안에서 성령님이 전환하고 역전시키시는 의지를 보았습니다. 기침 때문에 잠을 자지 못하고 수십 번 일어나야 하는 순간마다 주님은 "감사합니다"라는 고백을 제게 불어넣어 주셨습니다. 그리고 제가 육신적으로 약해서 어찌할 수 없는 시간이 있듯이, 영적으로 약해서 주님을 따라갈 수 없는 많은 성도들을 떠올려 주시고 그들을 위해 중보하게 하셨습니다.

오늘도 저는 예수 그리스도의 십자가를 향해 포기하지 않고 달려가는 생명의 의지와 그 반대 방향으로 어떻게든 도망가려는 사망의 의지를 봅니다. 거세게 불어오는 바람의 방향을 바꿀 수만 있다면 우리가 탄 배를 더 빨리 가게 하는 힘이 될 수 있듯이, 우리가 세상을 향해 가진 수많은 욕망의 의지를 성령님이 그 방향을 바꾸어 주신다면 하나님 나라와 하나님의 뜻을 향한 갈망의 의지로 놀라운 역사가 일어나리라 기대합니다.

형을 속이고 악착같이 인간적인 힘으로 성공하려고 했던 야곱의 의지가 하나님의 방향으로 바뀌자 그는 이스라엘이 되었습니다. 칼로 사람을 베고 주님을 부인하던 베드로의 의지가 예수 그리스도의 사랑으로 전환되자 그는 위대한 사도가 되었습니다. 예수님을 믿는 사람들을 잡아 죽이려고 공문을 받아 다메섹으로 가던 바울의 의지가 성령님의 방향으로 역전되자 그는 주님을 위해 죽을 수 있는 사람이 되었습니다. 이제 우리의 의지도 그렇게 방향이 바뀌고 역전되기를 간절히 소망합니다.

철없던 시절, 저를 위해 수고해 주신 주일학교 선생님에게 이 자리를 빌어 용서를 구합니다. "선생님, 죄송해요. 그리고 고맙습니다. 선생님을 통해 보여 주신 하나님의 섬김과 베풂의 의지를 잊지 않고 죽는 날까지 갚으며 살겠습니다."

우리에게 필요한 것은, 약한 의지를 강하게 만드는 것이 아니라,
육신의 의지에서 영의 의지로, 세상을 향한 의지에서 하나님을 향한 의지로
전환하고 역전시키는 것입니다.

02

* 위대한 질문 앞에 서다

1993년 가을, 저는 인생의 현재와 미래에 대해 어떤 불안이나 흔들림 없이 제가 만든 길을 열심히 달려가고 있었습니다. 이혼하신 병든 어머니와 아직 세상을 모르는 어린 동생을 데리고 제가 가야 할 길은 빨리 돈을 버는 길이라고 생각했습니다. 옥탑방을 지나 공동으로 쓰는 화장실 하나를 놓고 지하 단칸방들이 모여 사는 그 작은 어두운 방에서도 제 목표는 동일했습니다.

그래서 일반대학 가기를 포기하고 당시 새롭게 부상하던 기능대학에 좋은 성적으로 입학했습니다. 4년 전액 장학금을 받으며 하루에 10시간 넘게 납땜질을 하고 전자 회로와 전자 제어를 공부했습니다. 심지어 대다수 대학생들이 술 마시며 노는 토요일까지 우리는 수업을 하고 공부를 했습니다.

하지만 그날 새벽, 모든 것이 흔들리고 무너지고 말았습니다. 여덟 명의 남학생들이 함께 생활하는 기숙사에서 평소처럼 새벽에 일어나 말씀을 읽고 2층 침대에서 기도하려고 무릎을 꿇었습니다. 그런데 바로 그 순간 하나님의 음성이 들렸습니다.

"산아, 너는 왜 여기에 있느냐?"

누군가 "그것이 하나님의 음성인지 아닌지 어떻게 아느냐?"고 물어본다면, 저는 "뜨거운 것을 만지면 그것이 뜨거운 것인지 물어볼 필요가 없는 것처럼, 진짜 하나님의 음성을 들으면 그것이 하나님의 음성인지 물어볼 필요가 없다"고 말해 주렵니다.

그날 제 인생에서 가장 선명하고 분명하게 물어보시는 하나님의 질문 앞에 서야 했습니다. 하나님은 그다음 날도, 그다음 날도 물어보셨습니다. 제가 대답할 때까지 그분은 떠나지 않으셨습니다. 마치 에덴동산에서 범죄한 아담에게 하나님이 찾아오셔서 "아담아, 네가 어디 있느냐?"라고 물어보신 것처럼 다가왔습니다. 그 질문은 제가 여기에 있는 이유를 답하라는 것이 아니었습니다. "너는 지금 잘못된 자리에 있으니 그곳을 떠나라"는 부드럽지만 강력한 부르심이었습니다.

그해 9월, 기능대학을 자퇴하고 한 달을 공부해서 신학교에 들어갔습니다. 이후로 23년간 사역자의 길을 걷게 되었습니다. 그 위대한 질문 앞에서 인생이 저의 것이 아님을 알았고, 더 이상 저를 위해 살지 않고 주님을 위해 살기로 결단했습니다. 물론 그 위대한 질문에 대답하기 위해 말할 수 없는 고난과 시련을 겪어야 했습니다. 그러나 그 질문을 피하지 않았으며, 그 질문에 저의 인생을 걸고 대답했습니다.

그 질문 덕분에 인생에는 쉬운 길과 어려운 길이 있는 것이 아니라, 순종의 길과 불순종의 길이 있다는 것을 알게 되었습니다. 순종의 길은 사명의 길이고 좁은 길인데 이 길을 걷고자 한다면 인생의 전부를 걸어야 한다는 것을 체감하고 또 체감했습니다. 그러나 그 길은 생명의 길이요, 나도 살고 남도 살리는 길이었습니다.

중요한 것은, 우리 인생이 어떤 질문을 던지고 있으며 어떤 질문 앞에 서 있느냐 하는 것입니다. 오래전 기차에서 만났던 한 아저씨가 기억납니다. 그는 손가락 열 개가 모두 없었는데, 도박에서 돈을 크게 잃을 때마다 손가락을 하나씩 잘랐다고 합니다. 그러나 그 손바닥으로 여전히 도박을 한다고 합니다. 그 아저씨가 손가락이 모두 없어질 때까지 도박을 한 이유는 "어떻게 하면 작은 수고로 큰돈을 벌어 볼까?"라는 질문을 평생 던졌기 때문입니다.

몇 해 전에 만났던 한 선교사님은 한국에서의 안락한 교수직과 물질을 포기하고 아마존으로 들어가 복음을 전하고 있었습니다. 그 선교사님은 "딱 한 번 주어진 내 인생에서 어떻게 하면 하나님께 영광을 돌릴까?"라는 질문 앞에서 세상 모든 사람이 가는 길과는 다른 길을 선택했노라고 웃으며 말씀하셨습니다.

가장 큰 비극은, 질문 자체가 없다는 것입니다. 욕망이 이끄는 대로, 육신이 이끄는 대로 대다수의 사람들이 살아갑니다. 그나마 던지는 질문이라는 것이 겨우 "무엇을 먹을까? 무엇을 입을까? 어떻게 하면 돈을 쉽게 벌까? 어떻게 더 음란하고 더 욕망을 채우며 시간을 죽일까?" 등입니다.

더 통탄할 만한 사실은, 세상 사람들만이 아니라 하나님을 믿고 교회에 나오는 성도들도 크게 다를 바가 없다는 것입니다. 실력도 없으면서 어떻게든 신학교 교수를 하려고 하는 후배들이나 기회만 되면 더 크고 월급을 많이 주는 교회로 청빙을 받으려고 안달하는 친구들을 보면 가슴이 아픕니다. 하물며 평신도야 어떻겠습니까?

요한복음의 마지막 장을 펼치면, 부활하신 주님을 만난 후에도 어쩔 수 없이 물고기를 잡으러 간 베드로와 일곱 명의 제자들을 만나게 됩니다. 그들은 밤새도록 물고기를 한 마리도 잡지 못한 채 피곤하고 지친 낙망의 새벽을 맞이했습니다. 그런데 주님이 나타나셔서 그들이 그렇게도 원했던 물고기를 153마리나 잡게 해주셨습니다. 그리고 정적이 흐르는 아침 식사가 끝날 즈음, 주님은 위대한 질문을 하셨습니다. 주님이 하시고 싶은 말씀이 얼마나 많으셨을까요? 그러나 그분은 그 모든 것을 하나의 질문에 집약하여 던지셨습니다.

"베드로야, 너는 나를 사랑하느냐?"

오늘 우리도 이 질문에 대답해야 합니다. '베드로' 대신 자신의 이름을 넣고 대답해 보십시오. 수많은 하나님의 사람들이 오해하고 있습니다. 목사가 되고 장로가 되면 하나님을 사랑하는 줄 알고, 기독교와 관련된 일을 하고 있으면 하나님을 사랑하는 줄 알며, 십일조를 내고 작은 돈 얼마를 기부하면 하나님을 사랑하는 줄 알고, 성경 몇 구절을 읽고 전도를 몇 번 하면 하나님을 사랑하는 줄 압니다.

당신은 지금 어떤 질문 앞에 서 있습니까? 그리고 그 질문에 어떻게 대답하고 있나요? 우리가 분명히 알아야 할 진실은, 우리 각 사람의 현재는 스스로 던진 질문에 어떻게든 대답한 결과라는 것입니다. 아울러 우리는 하나님의 위대한 질문 앞에 단 한 번이 아니라 매일 매 순간 끊임없이 대답하며 살아야 합니다. 내가 어떻게 대답하느냐가 내가 어떻게 사느냐를 결정합니다. 그 대답이 곧 현재이고 미래입니다.

그러므로 이제 우리는 이 세상의 싸구려 몇 가지 질문 앞에서 영적 하루살이처럼 살아서는 안 됩니다. 하늘에서 오는 위대한 질문에 위대한 대답을 해야 합니다. 그러려면 말씀을 읽기도 하고 듣기도 해야 합니다. 기도도 자신의 요구만 던지지 말고 주님의 요청에 귀 기울여야 합니다. 하루에도 여러 번 물어보시는 하나님의 음성을 더 이상 무시하지 말고, 마음과 뜻과 힘을 다해 대답해야 합니다.

모든 위대한 인생에는 위대한 질문과 위대한 대답이 있었습니다. 유명한 사람들의 감동적인 이야기는 이제 그만하기로 합시다. 바로 내가 그 사람이 되면 어떻겠습니까? 지금 하나님의 위대한 질문 앞에 서십시오. 그 위대한 질문을 만나십시오!

* 한계를 만나다

"아차, 늦었다!"

저녁 9시. 텔레비전에서 9시 뉴스의 시작을 알리는 시그널 뮤직이 흘러나옵니다. 한참 공부하다가 책상에서 짧은 후회를 할 겨를도 없이 순간적으로 뒤를 돌아봅니다. 어김없이 9시를 넘기지 못하고 잠든 동생.

뒤늦게 신학 공부를 시작하신 우리 부모님은 구세군사관학교에 입학하셨고, 중학교 1학년인 저와 초등학교 5학년인 제 동생은 어쩔 수 없이 독립문 천연동에 있는 큰아버지 댁의 작은 방에 얹혀살았습니다. 동생은 아침에 입고 나갔던 옷을 입은 그대로 잠이 들어 버렸습니다. 양말도 벗지 않은 채 말입니다. 책가방에서 체육복과 심지어 도시락도 꺼내지 않고 말입니다.

큰아버지 댁에서 잠시 살아야 하기에 하나밖에 없는 동생에게 때로는 부탁으로 때로는 꾸중으로, '학교를 마치고 집에 와서 해야 할 일들'에 대해 잔소리를 그렇게도 많이 했지만, 동생은 여전히 저녁 9시가 되면 낮의 햇살을 그대로 몸에 담고 잠들어 버렸습니다. 아직 부모님의 손길이 필요한 동생이 안쓰럽고 불쌍하여 잠든 동생의 옷을 벗기고 씻긴 적도 많았지만, 그날은 이상하게도 화가 치밀어 올랐습니다.

동생이랑 겨우 두 살밖에 차이가 나지 않는데, 저는 갑자기 부모가 되어야 했습니다. 동생이 여전히 철없는 자녀로 남아 있으니 말입니다. 저와 몸무게가 거의 다를 바 없는데다, 잠든 사람의 몸은 왜 그리도 무거운지요. 잠든 동생을 겨우 움직여서 옷을 벗기고 이불을 깔고 다시 눕히다가 속에서 화가 치밀어 올랐습니다. 화장실로 가서 물을 한 바가지 들고 와, 잠든 동생의 얼굴에 쏟아 부으며 저는 집이 떠나가라 소리를 질렀습니다.

"더 이상 못하겠다. 나도 참을 만큼 참았어!"

너무 놀라 잠에서 깨어난 동생도, 그리고 부모님에 대한 원망인지 동생에 대한 원망인지 아니면 자신에 대한 원망인지도 모를 서러움에 북받쳐서 저도 함께 울었습니다.

육신을 입고 살아가는 이들이라면 시간과 공간의 차이만 있을 뿐 누구나 한계에 부딪칩니다. 간절히 원했지만 기회를 얻지 못하기도 하고, 정말 사랑했지만 헤어지기도 합니다. 최선을 다했지만 실패로 마침표를 찍기도 하고, 목숨을 걸었지만 그것으로는 부족한 일들도 무수합니다. 밤새도록 기도했지만 밝은 아침을 맞지 못하는 사람도 많습니다.

열심히 운동을 하고 영양제를 챙겨 먹어도 갑작스러운 사고로 삶을 마감하기도 하고, 수없이 베풀어 주었지만 도움을 받지 못하는 슬픈 운명도 허다합니다. 인생은 그 존재 자체가 '한계라는 감옥 속에 갇힌 죄인'임을 마음 아프게 고백할 수밖에 없습니다. 한계는 특별한 몇 사람이 가진 특이한 질병이 아니라 모든 인류가 가진 지문입니다.

문제는 사람들이 한계를 가지고 있는 것이 아닙니다. 정말 문제는 대다수의 사람들이 그 한계를, 아니 그 한계에 부딪치는 순간을 무조건 부정적으로만 바라보고 피하려 하며 나쁘게만 여긴다는 것입니다. 물론 한계를 체감하는 순간이 기쁘지는 않을 것입니다. 그러나 한계 앞에서 우리는 성장하게 됩니다. 자녀가 가진 한계는 부모의 섬김을 배우는 기회가 되고, 무조건 힘만 센 남자의 한계는 부드럽고 따뜻한 여자의 소중함을 깨닫게 합니다. 몸이 다치고 병들어 병원에 입원하면서 우리는 조심스럽게 사는 법을 배우게 되며, 아무것도 할 수 없는 시간을 지나면서 가족과 이웃이 왜 곁에 있는지를 깨닫게 됩니다.

부모가 되고 어른이 되어도 실수를 하면서 배움은 끝이 없다는 것과 삶이 왜 겸손해야 하는지를 머리만이 아닌 허리로 숙이며 알게 되고, 모든 것을 다 알고 모든 것을 다 해봤다고 자신하는 순간에 밀려오는 벽에서 우리가 하늘 아래 있음을 고백하게 됩니다.

무엇보다 한 인간으로서 수없이 만나는 죄와 실패와 죽음이라는 궁극의 한계 앞에서 우리는 구원자 되시는 예수 그리스도의 은혜와 하나님 아버지의 사랑, 그리고 날마다 우리를 위해 말할 수 없는 탄식으로 기도하시는 성령님의 도우심이 절실히 필요합니다. 그러니 한계는 그저 벽이 아니라 회전문이며, 저주가 아니라 선물입니다.

지난 10여 년간 한 교회의 담임목사로 지내면서 날마다 한계에 부딪쳤습니다. 처음에는 그 한계에 부딪치지 않으려고 최선을 다했고, 이따금 그런 한계에 부딪치면 약해지지 않으려고 무시하거나 괜찮은 척했습니다. 하지만 어느 순간부터 그 한계 속에서 역사하시는 하나님을 인정하게 되었습니다.

어느 날인가 너무 힘들어서 "주님, 이제 제가 할 수 있는 것은 다 했습니다"라고 고백했을 때, 주님은 조용히 말씀하셨습니다. "그래 네가 끝이라고 말한 그곳에서 내가 시작해 보고 싶구나." 끝없이 눈물이 흐르던 그날 밤, 목회는 제가 하는 것이 아니라 하나님이 하시는 것임을 조금이나마 깨달았습니다.

세상 사람들은 끊임없이 "한계를 극복하라"고 도전하며 "한계를 넘어설 수 있다"고 소리칩니다. 물론 우리는 몇 가지 한계를 역사 속에서 극복하고 넘어섰으며 여러 번 위기를 기회로 만들기도 했습니다. 그러나 하나님은 우리에게 '궁극적인 한계 앞에서 하나님을 만날 것'을 제안하십니다. 홍해의 한계에서 하나님의 기적이, 홍수의 한계에서 하나님의 구원이, 욥의 한계에서 하나님에 대한 새로운 차원의 시각이, 여리고의 한계에서 하나님의 승리가, 그리고 모든 인류의 한계에서 십자가와 부활의 역전이 열렸습니다. 그리고 그 이야기는 지금도 성령님을 통해 이어 가십니다.

그러므로 우리는 길을 묻지도 않고 계속 액셀을 밟는 무식한 운전자처럼 속도만 내지 말고, 잠시 멈추어 서서 우리의 한계를 고백하고 인정하는 시간을 가져야 합니다. 오직 자신의 한계를 인정하고 고백하는 그 한 가지 일을 할 때, 하나님이 하실 수 있는 수천 가지의 길이 열릴 것입니다.

자기 혼자 다 하려고 하지 않고, 다른 사람에게 기도를 부탁하며, 함께 섬기면서 우리는 진정한 교회가 되어 갑니다. 그것은 체념이 아니라 한계 속에서 누리는 감사요, 한계 속에서 발견하는 은혜이며, 한계를 감싸고 누리는 변화입니다. 바로 그때야말로, 전지전능하신 하나님의 아들이 왜 육신의 몸이라는 한계를 입고 이 세상에 오셨고, 그 철저한 한계 속에서 이루신 죽음과 부활이라는 신비가 우리와 어떤 연관이 있는

지를 깨닫고 배우며 닮아 가는 시간이 될 것입니다. 이제 우리 자신의 한계를 만납시다.

* 결국 무엇이 될까

부모님이 신학교 기숙사로 들어가셔서, 동생과 함께 독립문·산동네에 자리 잡은 큰아버지 댁에서 지낼 때의 일입니다. 이제 갓 중학생이 된 저와 아직 초등학생인 동생은 어리고 욕심 많은 철부지였습니다.

부모님이 큰아버지 댁에 잠시 들르신 적이 있었는데, 모두가 있는 자리에서 큰아버지는 "산아, 나를 아버지라 생각하고 무엇이든 필요한 것이 있으면 말해라"고 이야기하셨습니다. 부모님이 신학교로 돌아가신 후, 저와 동생은 동네 문구점에서 파는 커다란 조립식 장난감 세트에 욕망의 그늘을 드리우고 있었습니다. 떡볶이 1인분이 백 원 하던 그 시절, 그 장난감은 무려 5천 원이나 했습니다. 저는 조금 전 큰아버지가 하신 말씀을 액면 그대로 받아서, 그 장난감을 사고 싶다고 말씀드렸습니다. 큰아버지는 얼마나 많은 생각을 하셨을까요? 잠시 후 큰아버지는 생활비에서 돈을 꺼내 주셨습니다.

동생과 저는 신이 나서 그 길로 나가 장난감을 사고 밤을 새워 조립했습니다. 그런데 참 신기한 일이 일어났습니다. 그 장난감을 완성해 좁디좁은 방 한구석에 세워 놓는 순간, 모든 것이 헛되게 느껴졌습니다. 그 장난감은 저의 인생에 아무 의미가 없는 욕망의 덫이었습니다. 힘들게 공부하시는 부모님과 어려운 형편에도 우리를 거두어 키우시는 큰아버지의 가정을 생각하니 죄송하고 미안한 마음과 나 자신을 향한 자책감이 쓰나미처럼 몰려와 부딪쳤습니다.

우리는 모두 무언가를 가지고 싶어 하고, 누군가를 만나고 싶어 하며, 어디론가 올라가고 싶어 합니다. 그러나 그렇게 가지고 싶던 물건을 소유하고, 만나고 싶던 사람을 만나며, 이르고 싶던 자리에 올라갔을 때, 오히려 허탈과 낙망을 느끼는 경우가 많습니다. 그것이 우리 영혼의 가장 깊은 곳에 있는 빈자리를 채워 줄 수 없기 때문입니다.

오히려 우리가 가지고 싶던 것을 포기하고, 만나고 싶던 사람과 헤어지고, 이르고 싶던 자리에서 떠나면서 더 위대하고 놀라운 체험을 할 때가 있습니다. 아브라함은 조카 롯에게 기회를 양보한 다음에 하나님께 더 큰 복을 받았으며, 욥은 고난을 당하고 나서 귀로만 듣던 하나님을 눈으로 뵙게 되었습니다.

그러나 많은 사람들이 바벨탑을 쌓아 올리고 있습니다. 그 바벨탑은 결국 무엇이 되었습니까? 그 높은 탑의 끝에서 우리는 하나님을 더 가까이 만나게 되었나요? 우리는 첨단 과학과 정보에 감탄하지만 그것이 정말 무언가를 이루었나요? 수많은 젊은이가 손 안에 들어온 스마트폰의 유익을 자랑하지만 스마트폰이 각자의 영혼에 이룬 일은 거룩하고 귀한 것이었나요? 우리는 이 순간 진실해져야 합니다.

우리는 예수님의 십자가를 단순히 순수한 한 청년의 죽음으로 인한 인간적인 애도나 안타까움으로 바라보는 일을 그만두어야 합니다. 그분의 십자가가 무엇이 되었는지를 기억해야 합니다.

아주 실제적인 제안을 하나 하고 싶습니다. 사고 싶고, 가고 싶고, 보고 싶고, 하고 싶은 것이 있나요? 그것을 하기 전에 먼저 자신에게 진실하고 충분히 물어보기 바랍니다. 아울러 지금 하고 있는 일과 지금 보고 있는 것과 앞으로 기대하는 모든 만남과 소망에 대해 스스로 물어보십시오.

"이것이 결국 무엇이 될까?"

그것이 하나님께 영광이 되지 않을 것이라면 아직 기회가 있을 때, 인생의 궤도를 수정하기 바랍니다. 우리 주님이 곧 오십니다!

> 그런즉 너희가 먹든지 마시든지 무엇을 하든지 다 하나님의 영광을 위하여 하라(고전 10:31).

* 고통이라는 선물

 토요일 저녁 늦게 기도를 하다가 다리에 피가 통하지 않아 급하게 자세를 바꾸면서 허리를 삐끗했습니다. 이전에도 이런 일이 여러 번 있었기에 대수롭지 않게 여겼습니다. 하지만 주일 사역을 마치고 집으로 돌아가는데 이전과는 다른 고통이 밀려오기 시작했습니다. 그리고 월요일 아침에 눈을 뜨자, 아무것도 할 수 없게 되었습니다. 움직이는 족족 고통이 밀려왔습니다.

 평소에는 아무렇지 않게 숨 쉬듯 하던 행동들이 이제는 모두 고통을 대가로 치러야 할 것들이 되었습니다. 자리에서 일어나는 것도, 화장실을 가는 것도, 한 손은 벽을 부여잡고 다른 한 손으로 겨우 세수를 하는 것도 그랬습니다. 머리를 감는 것은 너무 엄청난 대가를 지불해야 해서 이틀이나 시도조차 할 수 없었습니다.

허리를 펼 수도 없고 구부릴 수도 없었습니다. 일단 주님께 감사하는 기도를 드렸고, 혹시라도 제가 잘못한 것이 있으면 생각나게 해주시길 바라며 회개의 기도도 했습니다. 하지만 고통은 멈추지 않았습니다. 결국 일어선 것도 아니고 앉은 것도 아닌 엉거주춤한 자세로 느릿느릿 걸어서 병원으로 갔습니다.

의사는 허리 근육 안쪽이 다쳐서 회복하는 데 상당한 기간이 걸릴 거라고 했습니다. 어처구니가 없었지만 어쩔 수 없었습니다. 침을 맞고 파스를 붙이고 다시 기도했지만 거의 차도가 없었습니다. 당장 다가올 예배와 설교, 강의에 대한 염려가 가장 먼저 밀려왔습니다. 오늘만 쉬면 내일은 할 수 있을 거라고 나름대로 긍정적으로 생각하며 머릿속으로 제가 해야 할 일들과 내용을 정리했습니다. 하지만 저의 희망대로 되지 않았습니다. 내일이라는 시간이 왔지만 몸은 어제와 별반 다르지 않았습니다. 제가 할 수 있는 일은 아무것도 없었습니다.

그러나 정말 아무것도 하지 않아도 되는 것은 아니었습니다. 살아 있는 삶이란 끊임없는 움직임을 요구하기 때문입니다. 식사를 해야 했고 물을 마셔야 했습니다. 화장실에도 가야 했고 갑작스럽게 달려오는 막내딸의 충격도 받아 내야 했습니다. 그러면서 한 가지를 분명히 깨닫게 되었습니다. 제가 하는 모든 삶의 움직임이 이제는 고통과 동일한 가치라는 것을 말입니다. 언제 회복이 될지는 모르지만 이제부터 모든 삶은 고통을 동반하게 되었습니다. 말을 바꾸어 보면, 고통을 느끼지 않고서는 아무것도 할 수 없게 된 것입니다.

아무도 저를 도와줄 수 없는 밤이 되었습니다. 마치 중세시대에 적진으로 달려가는 한 용사가 수많은 적의 화살을 온몸으로 맞듯이, 그렇게 화장실을 다녀왔습니다. 그리고 간신히 자리에 누웠습니다. 베개가 저만치 있는데 끌어당길 자신이 없었습니다. 그래서 주님의 이름을 불렀습니다. 그러면서 두 가지를 깨닫게 되었습니다.

먼저는 허리를 다쳐서 감사하다는 것이었습니다. 제가 움직일 때마다, 즉 고통을 느낄 때마다 주님을 찾고 있었기 때문입니다. 너무나 당연하게 일어나고 먹고 마시고 달리고 움직이던 건강한 삶 속에서 저는 주님을 찾지 못했습니다. 저에게 주어진 시간과 저에게 주어진 건강과 저에게 주어진 힘을 그저 제 것인 양 착각하며 살았습니다. 하지만 이제 작은 움직임마다 고통이 찾아오자 그 무엇도 저의 것이 없었다는 걸 알게 되었습니다. 고통을 느낄 때마다 주님 앞에서 겸손해지는 자신을 보게 되었습니다. 작은 움직임마저 주님께 도움을 구할 수밖에 없었습니다. 제가 누구인지 분명히 알게 되었습니다. 고통의 순간마다 주님 앞에 서야 했습니다. 아니 설 수 있게 되었습니다. 그것이 정말 감사했습니다.

아울러 이 고통 속에서 회개하게 되었습니다. 고통을 느끼지 못하며 제 마음대로 살아온 삶의 모든 결정과 행동으로 인해 어쩌면 주님을 아프게 해드렸을 것을 깨달았기 때문입니다. 제가 기도라는 고통 없이 결정하고, 기다림이라는 고통 없이 선택한 수많은 일들로 인해 주님이 고통당하셨을 것이 생각났습니다. 그랬습니다. 철없는 자녀가 아무 생각 없이 벗어놓은 빨래를 부모는 허리 숙여 줍고, 자녀가 마음대로 쓰고 남은 물건을 부모는 머리 숙여 정리하듯 저의 주님은 그렇게 하셨습니다. 그분이 찔리고 상하신 것은 제가 드린 상처로 인한 것이었습니다. 그래서 회개가 되었습니다.

고통을 좋아하는 사람은 아무도 없을 것입니다. 그러나 우리에게 이따금 찾아오는 고통은 감사한 일입니다. 고통을 무조건 피하기만 해서는 안 됩니다. 우리는 고통 속에서 주님이 주시는 깨달음을 얻어야 합니다. 인생을 살아가면서 우리는 이따금 고통을 통해 하나님을 만날 수 있습니다. 그러므로 고통은 선물입니다.

일주일간 아파서 누워 있으면서, 성도 한 사람 한 사람을 생각했습니다. 그리고 참 위험한 기도를 했습니다.

"주님, 제가 이전에는 성도들과 제 삶에 닥친 고통이 무조건 없어지기만을 기도했습니다. 하지만 이제는 그 고통을 통해 우리에게 감사와 회개를 주시고, 우리가 하나님의 뜻을 발견하게 해주시기를 기도합니다. 그리고 그렇게 해서라도 우리가 깨닫게 된다면, 조금 더 오래 그 고통을 선물로 주시길 바랍니다."

* 급한 일이 아니라 중요한 일

정말 부러운 사람이었습니다. 남자가 봐도 멋있는 남자, 전도사가 봐도 멋있는 전도사였습니다. 키도 크고 얼굴도 잘 생긴데다 목소리까지 좋았습니다. 중고등부 가을 부흥회에서 처음 만난 그 전도사는 완벽하다는 말이 딱 들어맞는 사람이었습니다.

그때 처음으로 저는 한 사람이 예배 시간에 기타로 반주하면서 찬양 인도를 하고 말씀까지 전할 뿐 아니라 그 흐름을 이어 찬양과 기도로 마무리하는 탁월한 One-man Leading Worship Service(한 사람이 주도하는 예배 스타일)를 보고 감탄했습니다.

특이하게도 그 전도사는 미리 찬송이나 말씀을 준비하지 않았습니다. 모든 집회 장소에 두 시간가량 일찍 와서 기도한 후에, 그 교회에 가장 필요하다고 생각되는 찬송과 성경 본문을 뽑았습니다. 그는 늘 그렇게 집회를 이끈다고 했습니다. 물론 우리는 두 시간 만에 그 전도사가 요청하는 것을 준비하느라 정신없었지만, 그 집회는 탁월했고 저는 그런 방식으로 집회를 이끄는 한 사람의 모습에서 도전을 받았습니다.

더 감격적인 사실은, 그 전도사가 우리 교회에 집회 한 번 하러 온 것으로 끝내지 않고 조만간 정식 사역자가 되어 중등부 전도사로 온다는 것입니다. 저는 그 전도사에게 많은 것을 배우고 싶은 마음에 기대감으로 들떠 있었습니다.

당시 고등부 전도사였던 저는 중등부로 온 그 전도사의 예배와 사역을 관심 있게 지켜보았습니다. 그런데 몇 달이 지나지 않아 중등부 아이들이 이상한 이야기를 했습니다. 그 전도사가 매주 똑같은 설교를 한다는 것입니다. 매주 다른 성경 본문으로 설교를 시작하지만 결국 메시지는 몇 달 전 집회에서 들었던 내용과 늘 같다고 했습니다. 그리고 찬양도, 기도도 늘 똑같다고 했습니다. 저는 염려가 되어 그 전도사와 개인적으로 만나 식사하며 이야기를 나누었습니다.

저는 마음이 찢어졌습니다. 그 전도사는 탁월한 하나님의 사람이 아니라 전혀 준비하지 않는 스타일의 목회자였습니다. 말 그대로 일이 닥치면 하는 스타일이었습니다. 집회 요청을 받아도 기도나 찬양이나 말씀 준비를 전혀 하지 않다가 항상 집회 장소에 도착해서 마치 '영감 있는 사람인 양' 흉내만 내고, 결국은 자신이 늘 익숙하게 해왔던 레퍼토리를 반복할 뿐이었습니다.

그의 설교와 사역의 스타일은 곧 삶의 스타일이었습니다. 늘 닥치는 급한 일만 처리했고 돈과 시간도 그렇게 사용했습니다. 자신의 영혼에 가장 중요한 말씀이나 기도가 없었습니다. 늘 급한 일만 하다 보니 정작 중요한 일은 하지 못하는 사람이었습니다.

무엇보다 그는 자신의 소명을 발견하지 못한 사람이었습니다. 그래서인지 매번 메시지는 '소명'이었습니다. 자신이 발견하지 못한 소명을 끊임없이 되풀이하여 전하고 있었던 것입니다. 그는 이 일 저 일을 닥치는 대로 했고, 이 교회 저 교회를 돌아다녔습니다. 한 번은 신선했지만 그것이 전부였습니다. 그는 결국 몇 달이 못 되어 다른 교회로 떠나고 말았습니다.

 우리 인생에서 만나는 사람들 중에 이런 사람들이 정말 많습니다. 특히 신앙의 사람들, 무엇보다 기독교와 관련된 일을 하는 사람들에게서 그런 안타까운 모습을 발견합니다. 인생의 급한 일에 치여서 결국 영혼에 중요한 일을 놓치고 마는 것입니다. 돈 한 푼 더 벌려고 새벽에 일찍 일어나지만 영혼을 위해 기도할 시간이 없고, 스마트폰의 정보는 끊임없이 찾으면서도 진리의 말씀인 성경은 한 줄도 읽지 못합니다.

 피상적인 인생의 연락처는 차고 넘치지만 결국 내 생명을 구원할 하나님과 교회 공동체와의 관계는 냉랭합니다. 아침부터 저녁까지 열심히 살아가지만 속도보다 중요한 것은 방향입니다. 중요한 것을 놓치고 급한 것에만 이끌리는 인생은 나도 죽고 남도 죽이는 인생이 될 뿐입니다.

 단 1퍼센트가 살아남는다는 작은 교회를 개척해 담임목사로 산 지 이제 11년이 되었습니다. 매일 교회에 오면 해야 할 일들이 차고 넘칩니다. 누군가가 버리고 간 쓰레기와 매일 보수해야 하는 낡은 건물의 잔해들, 수없이 걸려오는 전화와 답장해야 할 이메일들, 그 무엇보다 저를 짓누르는 재정과 환경적인 어려움이 쓰나미처럼 몰려옵니다.

그러나 가장 먼저 무릎을 꿇고 주님 앞에 엎드립니다. 성경 말씀을 읽고 다시 복음을 전합니다. 수많은 동료 목사들이 이 세미나 저 세미나를 다니고 이 모임 저 모임을 만드는 동안 저는 철저히 오전 시간을 주님께 드리며 '중요한 일'에 집중합니다. 자전거를 타러 가고 도자기를 굽고 차를 마시며 해외여행을 꿈꾸는 선배들의 모습을 부러워하지 않고, 오직 오늘도 말씀을 연구하고 기도하며 책을 읽고 글을 쓰며 다시 성도들을 위해 기도합니다.

그렇게 10년을 넘어 가니 올해 처음으로 생활비도 받게 되었습니다. 또한 작은 예배 공간이 사랑하는 성도들로 가득 차게 되었습니다. 주일 오전 예배뿐 아니라 오후 예배에도 앉을 자리가 없어서 성도들이 바닥에서 예배를 드리고, 금요일 저녁에는 주일학교 아이들까지 모두 나와서 기도를 합니다. 셀이 조직되어 서로의 삶을 나누고, 기도신문이 발행되어 기도 응답을 보게 되었습니다.

주님은 "너희는 먼저 그의 나라와 그의 의를 구하라"고 말씀하셨습니다(마 6:33). 그러면 나머지는 하늘 아버지께서 책임지겠다고 하십니다. 저는 이 말씀을 믿습니다. 그리고 이 말씀이 현실이 되는 것을 체험하며 살아갑니다. 급한 일만 하다가는 중요한 일을 하지 못하게 되어 결국 나도 죽고 남도 죽이는 인생이 됩니다. 그러나 좀 힘들더라도 삶의 방식을 바꿔 중요한 일을 먼저 하기 시작하면, 급한 일이 점차 사라질 뿐 아니라 나도 살고 남도 살리는 인생이 됩니다.

어제는 기도원에 갔다가 돌아오는 길에 연세가 지긋한 어느 성도와 잠시 동행하게 되었습니다. 그분은 초등학교도 제대로 나오지 못해 평생 한글을 읽지도 쓰지도 못했다고 합니다. 그러나 지난 16년간 한결같이 예배와 기도의 자리에서 말씀을 듣고 기도했는데, 어느 날 갑자기 한글이 이해가 되고 이제는 글도 쓸 수 있게 되었다고 합니다.

자식들과 가족들이 글자도 모른다고 놀렸는데, 이제는 그들보다 글도 더 잘 읽고 쓰며 말도 더 잘한다고 했습니다. 우리는 그 길에서 하나님을 찬양했습니다. 돌아오는 길 내내 "이것이 나의 찬송이요, 이것이 나의 간증일세"라는 가락이 마음을 가득 채웠습니다.

바람이 불어옵니다. 급하게 밀려오는 일들로 인해 마음이 나뭇가지처럼 흔들릴 때, 우리는 깊이 뿌리 내린 나무처럼 굳건히 서야 합니다. 시편 1편에 나오는 축복의 나무처럼 우리 인생이 주님의 축복으로 아름답게 열매 맺어야 합니다.

다시 한번 말하지만, 하나님과 사람에게 우리는 더 이상 급한 존재가 아니라 중요한 존재가 되어야 합니다. 우리 인생 자체가 급한 인생이 아니라 중요한 인생이 되어야 합니다. 지금 눈앞에 보이는 책상 앞에, 핸드폰에, 그리고 삶의 중요한 자리에 다음 문장을 써 놓고 선포하며 살아가십시오. 아마 달라진 자신의 모습을 보게 될 것입니다. "급한 일이 아니라, 중요한 일을 하라!"

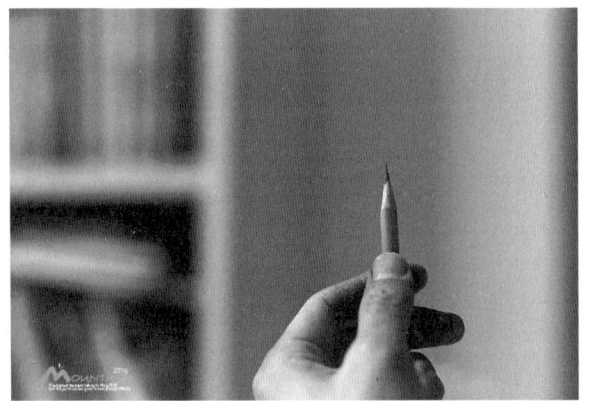

중요한 일을 먼저 하기 시작하면,
급한 일이 점차 사라질 뿐 아니라 나도 살고 남도 살리는 인생이 됩니다.

* 생명의 영향력

신학교 1학년 때였습니다. 원래 어설프게 운동하는 사람들이 아무한테나 자기 힘을 과시하려고 시비를 걸기 마련이고, 어설프게 아는 사람이 다른 사람들을 가르치려고 합니다. 저도 그랬습니다.

그 당시 주일예배를 드리러 갈 때, 저는 영어와 한글이 함께 있는 깨끗한 영한대역 성경책을 들고 가서, 보란 듯이 책상 위에 올려놓았습니다. 그리고 다른 사람들은 어떤 성경책을 가지고 왔을까 하며 주변을 살펴보았는데, 제 옆에 앉은 저보다 몇 살 많아 보이는 한 누나의 성경책이 눈에 들어왔습니다.

그 성경책은 영한대역 정도가 아니라 오로지 영어로만 채워진, 말 그대로 '영어 성경책'이었습니다. 게다가 그 누나가 성경책을 얼마나 많이 읽었는지 책 전체에 손때가 검게 묻어 있었고 표지는 닳아서 너덜너덜했습니다.

예배가 끝나자마자 그 누나에게 여러 가지를 물어보았습니다. 그 누나는 신학생도 아니었고, 그 성경책은 중고 시장에서 산 골동품도 아니었습니다. 그 누나는 그저 하나님의 말씀을 더 알고 싶어서 영어 성경을 많이 읽었을 뿐이라고 겸손히 말했습니다. 그때 저는 엄청난 도전을 받았습니다. 수없이 읽어서 닳아 없어진 성경책만이 아니라, 그렇게 많은 시간 성경을 읽으면서 다듬어진 그 누나의 아름다운 성품으로 인해 저 자신이 부끄러웠습니다.

그때부터 하루에 성경을 70장씩 읽기 시작했습니다. 한글로 읽고 영어로 읽고 독일어와 라틴어로 읽고, 나중에는 헬라어와 히브리어로 읽었습니다. 100번이 넘는 성경 읽기와 연구에서 멈추지 않고, 저는 감동하며 읽은 성경대로 살고자 부단히 몸부림쳤습니다.

목사가 된 지금도 저는 그 누나의 낡은 성경책과 부드러운 말들을 잊을 수 없습니다. 그 누나의 영향력 덕분에 저는 성경을 전시하는 사람이 아니라 성경을 전하는 존재로 거듭날 수 있었습니다.

하지만 우리가 사는 세상에는 그런 좋은 영향력만 있지 않습니다. 욕망과 탐욕, 음란과 거짓, 폭력과 이중성이 판을 치고 있습니다. 철없는 아이들은 스마트폰에서 흘러나오는 노래와 게임에 빠져 있고, 유혹에 약한 청년들은 물을 마시듯 음란물과 폭력물에 녹아 들어가고 있습니다. 텔레비전과 인터넷의 거친 말들, 또래 문화가 만드는 가학성이 우리의 영성을 파괴하고 있습니다. 한 번뿐인 인생을 소명에 이끌려 살아가는 것이 아니라, 돈이라는 욕망에 사로잡혀 살아가고 있습니다.

가장 마음이 아픈 것은, 교회가 세상을 변화시키는 영향력을 발휘하는 것이 아니라, 교회를 변질시키는 세상의 영향력에 점령당하고 있다는 것입니다. 게다가 그것을 전혀 깨닫지 못하는 교회는 더욱더 세상을 닮아 가려고 한다는 것입니다. 다시 말해서, 교회가 세상에 생명의 영향력을 끼치는 것이 아니라 세상이 교회에 사망의 영향력을 끼치고 있습니다.

이 가슴 아픈 현실을 어떻게 하면 좋단 말입니까! 이제 우리는 인조인간을 만들듯이 머리만 키우는 교리 공부나 형식적인 종교 의식이나 무조건적인 봉사에만 지엽적으로 매달리지 말고 눈을 들어 더 큰 그림을 보았으면 좋겠습니다. "진정 우리는 지금 어떤 영향력 속에 있는가?"를 직시하기 바랍니다. 더 구체적으로 말하면, 자신이 어디에서 영향력을 받아 어떤 영향력을 흘려보내고 있는지를 점검해야 합니다.

사망의 영향력을 추구하는 사람이 생명의 영향력을 끼칠 수 없는 것은 당연합니다. 무엇보다 '나 자신에게 일어나는 변화라는 영향력'이 가장 중요합니다. 학창 시절 제가 존경했던 은사님은 늘 "그 누구보다 바로 자기 자신에게 복음을 전해야 한다"고 힘주어 말씀하셨습니다. 그렇습니다! 예배와 말씀을 통해 내가 가장 먼저 변화되는 영향력을 받지 못한다면, 나를 통해 그 어떤 복음의 영향력도 나가지 않을 것입니다.

부족한 제 책에 쓴 것처럼 "용서받은 사람이 용서하고, 사랑받은 사람이 사랑하고, 변화된 사람이 변화시킬 수 있습니다." 우리는 자신이 먹어 보고 정말 맛있다고 느낀 것을 남에게 먹어 보라고 권하며, 자신이 사용해 보고 진정 효과가 있는 제품을 남에게 선물합니다. 수십 년간 가족의 구원이나 삶의 변화를 기도제목으로 말하면서도 실제로 어떤 복음적인 변화가 일어나지 않는 이유가 바로 여기에 있는 것은 아닐까요?

지금 이 순간, 자신이 듣는 음악과 보는 영상과 즐기는 삶의 기쁨과 추구하는 인생의 영향력을 철저하게 점검해 보기 바랍니다. 당신이 주로 하는 말과 표현은 무엇이며, 당신으로 인해 어떤 일들이 일어나고 있습니까? 당신은 지금 누구의 제자이며, 누구를 제자로 삼고 있습니까? 우리는 이 세상의 소금과 빛으로 부르심을 받았습니다. 이것은 세상에서 가장 위대한 영향력을 가진 존재로 부르심을 받았다는 말입니다. 그러나 주님은 소금과 빛이 만약 그 영향력을 잃어버리면 아무 의미 없는 인생이 될 거라고 경고하셨습니다(마 5:13-16).

어제 사과 한 상자가 집으로 배달되었습니다. 제가 주문하지 않은 사과 상자를 보며 한 사람이 떠올랐습니다. 20년 전 제 옆에서 영어 성경을 열심히 읽던 누나가 보낸 것입니다. 물론 정확히 말하면, 그 누나의 부모님이 부탁을 받아 보내신 것이지만요. 껍질째 한입 베어 보니 역시 맛이 기가 막힙니다. 누나의 가족이 말씀을 읽으며 땅을 갈고 기도하며 키운 사과는 어느 시장에서도 사 먹을 수 없는 최고의 맛입니다. 그 귀하고 아름다운 영향력은 사람에게도 식물에게도 동일한 모양입니다. 오늘도 오직 예수 그리스도의 귀한 영향력이 우리에게서 끊임 없이 흘러가기를 간절히 소망합니다.

* 현상이 아니라 실상

예수님과 제자들이 헤어지는 이야기가 담긴 요한복음의 마지막 몇 장(12-17장)을 읽다가, 문득 오래전 대학을 졸업하던 때가 떠올랐습니다. 야간 대학교 4년(군대 다녀온 3년을 합치면 7년) 동안, 낮에는 일하고 밤에는 공부하면서 분주하고 가난한 삶을 살았던 우리는 그래도 졸업여행은 함께 가야겠다는 마음으로 모였습니다. 거창한 졸업여행이 불가능했던 우리는 결국 1박 2일로 정동진에 다녀오기로 했고, 어떻게든 차비라도 아껴 볼 생각으로 기도하고 있었습니다.

그러자 한 선배가 와서 자신이 장애인이라 저렴한 장애인표를 끊어 줄 수 있다고 제안했습니다. 우리는 그것이 기도 응답이요 하나님의 도우심이라 생각하고 감사히 여기며 그 표를 받아서 기차에 몸을 실었습니다. 기차가 출발하고 한참을 가도록 그 어떤 갈등이나 문제도 생각나지 않았습니다. 짧은 여행이지만 모두가 최선을 다해 준비했고 함께 행복해하는 모습을 보니, 모든 것이 잘되고 있다고만 생각했습니다.

그러나 사실 우리는 현상만 보고 있었던 것입니다. 기차가 목적지를 향해 중간쯤 달리고 있을 때, 역무원이 다가와 표를 보여 달라고 했습니다. 후배들의 표를 모두 보관하고 있던 제가 장애인표들을 보여 주자, 역무원이 물었습니다.

"저분들 중에 누가 장애인이신가요?"

그 순간 부드럽지만 단호한 그 한마디가 하나님의 음성으로 들렸습니다. 우리는 가난한 신학생이지 장애인은 아니었습니다. 그저 저렴하고 즐겁게 다녀올 수 있다는 현상에 함몰되어 우리가 잘못된 방식으로 이 여행을 즐기고 있다는 실상을 보지 못한 것입니다. 거기에 아무리 좋은 핑계를 갖다 붙인다고 해도 그것은 '죄'일 뿐이었습니다.

목사가 된 후에도 저는 자주 현실이라는 허상과 진실이라는 실상을 우리가 얼마나 쉽게 바꾸어 버리는지를 생각하게 됩니다. 아마도 가장 큰 이유는, 오늘날 이 세상이 눈에 보이는 것을 전부라고 생각하기 때문일 것입니다. 제 말은 눈에 보이는 것이 중요하지 않다는 뜻이 아니라, 눈에 보이는 현상적인 것들 때문에 정작 보아야 할 실상을 놓치는 것이 문제라는 뜻입니다. 그 높은 바벨탑도, 즐거움이 가득한 소돔과 고모라도 실상은 죄의 소굴이었으며, 대리석과 금으로 장식되어 제자들의 마음까지 흔든 예루살렘 성전 역시 강도의 소굴이었습니다.

사업이 잘되고, 돈을 많이 벌고, 교회가 커지고 유명해지는 것이 무조건 우리가 잘하고 있다는 표지가 아닐지도 모릅니다. 오히려 하나님의 이름을 부르며 겉으로는 거룩한 척, 경건한 척, 희생하는 척하고 있지는 않은지 생각해 보아야 합니다. 우리는 앞에서 자신을 드러내며 교만하게 기도하던 바리새인과 뒤에서 가슴을 치고 회개하며 기도하던 세리를 기억해야 합니다. 나팔(헌금함의 모양)을 불며 큰돈을 헌금한 사두개인과 작은 렙돈 두 개를 조용히 헌금한 과부도 잊지 말아야 합니다.

어쩌면 지금 안 되고 있는 일이 가장 잘되고 있는 일이며, 지금 고통스러운 문제들이 결정적인 변화를 위한 최고의 통로일 수 있습니다.

요한복음 16장 7절에서 "내가 너희에게 실상을 말하노니"라고 하신 주님의 말씀에 마음이 뜨거워집니다. 예수님이 3년간 함께한 제자들과 헤어짐을 고하는 순간, 그들은 두려워하고 근심했습니다. 그러나 그분은 "내가 떠나가는 것이 너희에게 유익이라"고 말씀하십니다. 맞습니다! 그것이 실상입니다.

발람의 길을 가로막고 있었던 것은 나귀가 아니라 하나님의 천사였으며, 게하시가 두려워 떨 때 진정으로 보아야 할 것은 적군 너머에 있는 수많은 천군천사였습니다. 욥의 많은 질문보다 더 중요한 것은 하나님의 물음이었으며, 어린 다윗의 눈앞에 있는 것은 거대한 갑옷을 입은 골리앗이 아니라 하나님이 주신 위대한 사명이었습니다. 돌에 맞아 죽은 스데반의 피로 인해 구원받을 성도들이 있었고, 십자가의 안타까운 죽음 뒤에 위대한 부활의 실상이 더 생생하게 존재했습니다.

하나님의 사람들이 세상 사람들과 다른 것은 무엇입니까? 이 세상이 하와에게 보여 주었던 허상의 선악과를 또 다시 만

지작거리는 것이 아니라, 좁고 험한 십자가의 길에서 뿜어져 나오는 생명과 능력을 누리고 보여 주는 것입니다. 그러려면 우리는 끊임없이 이 악한 세대에서 하나님의 선하시고 기뻐하시고 온전하신 뜻이 무엇인지 분별해야 합니다. 실상을 보고, 실상을 누리고, 실상을 나누어야 합니다. 이것은 말씀과 기도, 그리고 성령 충만함 없이는 불가능합니다.

오래전 그날, 졸업여행을 떠나던 새벽 기차에서 하나님의 실상 앞에 섰을 때, 저는 즉시 허상을 버렸습니다. 역무원에게 정중히 사과하고 우리가 내지 않은 차액을 모두 지불했습니다. 그리고 정동진에 도착해서 모두 즐겁게 해돋이를 보고 나서 아침을 먹고 있을 때, 조용히 기차역 매표소로 가서 우리가 돌아갈 때 사용하고자 미리 끊어 두었던 장애인표를 모두 일반표로 교환하려고 신용카드를 사용했습니다. 그 일로 인해 졸업여행을 다녀와서 3개월 가까이 점심을 먹을 수 없었지만 그때처럼 마음이 편하고 후련한 순간이 없었습니다.

차가운 겨울에는 이쪽도 마른가지 저쪽도 마른가지로 모두 죽은 것처럼 보였지만 따뜻한 봄 햇살로 그 존재의 실상이 드러나듯, 우리도 지금 영혼의 겨울 속에서 보이는 허상을 전부로 받아들이지 말고 이제 곧 부활처럼 피어오르게 될 그 생명의 실상을 만나러 갑시다.

> 우리는 속이는 자 같으나 참되고 무명한 자 같으나 유명한 자요 죽은 자 같으나 보라 우리가 살아 있고 징계를 받는 자 같으나 죽임을 당하지 아니하고 근심하는 자 같으나 항상 기뻐하고 가난한 자 같으나 많은 사람을 부요하게 하고 아무것도 없는 자 같으나 모든 것을 가진 자로다(고후 6:8-10).

* 진짜 두려움

성경에 가장 많이 나오는 명령이 무엇인지 아십니까? "두려워하지 말라"입니다. 아마도 이것은 우리가 그만큼 많은 두려움에 휩싸여 있다는 증거일 것입니다. 우리는 태어나는 순간부터 두려움을 느끼며 성장합니다. 소유의 유무에 대한 두려움에서 남들의 시선에 대한 두려움까지, 아침부터 저녁까지 두려움의 노예로 살아갑니다. 그 어느 때보다 의학과 기술과 안전에 대한 진보가 이루어지고 있음에도 불구하고 이 세상은 더 큰 두려움으로 우리를 공격하고 있습니다.

오늘도 우리가 처한 어려운 상황의 근본적인 밑바닥까지

내려가 보십시오. 그러면 거기에 두려움이라는 기초석이 굳게 자리잡고 있음을 알게 될 것입니다. 사랑하는 사람을 잃어버릴까 봐, 직장을 잃어버릴까 봐, 건강을 잃어버릴까 봐, 그리고 죽을까 봐 사람들은 몸부림칩니다. 우리는 이 두려움 앞에서 어떻게 해야 할까요?

성경은 분명히 "아무것도 염려하지 말라"(빌 4:6)고 하지만, 우리는 아무것도 두려워하지 않을 수 없다는 것을 너무 잘 알고 있습니다. 그런데 더 이상한 것은, 성경에 나오는 믿음의 사람들도 마냥 아무것도 두려워하지 않은 것은 아니라는 사실입니다. 그렇다면 두려워하라는 말일까요, 두려워하지 말라는 말일까요? 어떻게 하면 성경이 말하는 두려움을 제대로 이해할 수 있을까요?

출애굽기 2장에 보면, 당대 패권을 장악한 이집트의 모습이 나옵니다. 나일 강을 중심으로 제국을 이룬 이집트는 우리가 잘 알고 있는 것처럼 2.5톤이나 되는 돌로 15미터가 넘는 피라미드를 수십 개나 세울 만큼 강력한 국력을 가진 명실공히 최강의 나라였습니다. 바로 그 힘의 꼭지점에 파라오가 있었습니다.

그런데 이 파라오에게도 두려운 것이 있었습니다. 바다의 모래알처럼 수가 늘어나는 이스라엘 사람들이었습니다. 파라오는 그 두려움을 이겨 보고자 이스라엘 사람들을 힘든 노역으로 억압하고, 산파를 시켜 이스라엘 산모가 아들을 낳으면 죽이라고 하더니 급기야는 아들을 낳는 대로 나일 강에 던지라는 잔인한 명령을 내립니다.

두려움의 힘은 이토록 무서운 것입니다. 그런데 여기에 다른 두려움을 가진 사람들이 등장합니다. 십브라와 부아라고 하는 산파입니다. 거대한 이집트 제국의 파라오와 비교할 때, 이 히브리의 두 산파는 얼마나 약한 존재입니까? 이 여인들은 당연히 파라오의 말을 들어야 했습니다. 하지만 그들은 그렇게 하지 않았습니다. 그들은 왜 목숨을 걸고 거짓말을 하고 파라오의 명령을 어겼을까요? 다른 두려움의 대상이 있었기 때문입니다. 그 대상은 바로 하나님이십니다. 그들은 하나님을 두려워했기에 파라오를 두려워하지 않았고, 하나님을 경외했기에 파라오를 경외하지 않았던 것입니다.

여기서 두 가지 두려움을 보게 됩니다. 하나는 병들고 잘못된 두려움이고, 다른 하나는 건강하고 바른 두려움입니다. 우리는 두려움 없이 살 수 없습니다. 우리의 두려움이 전환되고 역전되어야 합니다. 즉 건강하고 바른 두려움을 가짐으로써 병들고 잘못된 두려움을 이겨야 합니다. 이것은 하나님을 경외함으로써 우리가 세상을 두려워하지 않게 된다는 말입니다.

한 달 치 월급을 받아 퇴근하는 남자가 회식 자리에서 과용으로 그 음식값을 치르려는 태도는 동료들이 자신을 어떻게 볼까 하는 병든 두려움입니다. 오히려 이 월급으로 사랑하는 가족에게 의미 있게 사용하지 못할 것에 대한 건강한 두려움을 가져야 합니다.

세상 사람들이 말하는 속되고 저급한 언어를 사용하지 않음으로써 또래에게 왕따를 당할 것을 염려하는 잘못된 두려움보다는 하나님이 우리 입술의 모든 말을 심판하실 것을 두려워해야 합니다. "몸은 죽여도 영혼은 능히 죽이지 못하는 자들을 두려워하지 말고 오직 몸과 영혼을 능히 지옥에 멸하실 수 있는 이를 두려워"(마 10:28)해야 합니다. 빛이 어두움을 몰아내듯, 건강한 두려움이 병든 두려움을 내쫓습니다.

하나님에 대한 경외와 그분의 뜻에 대한 거룩한 경외감이 우리가 이 세상에서 부정하고 타락한 두려움에 물들지 않게 합니다. 놀라운 사실은, 우리 각자가 두려워하는 대상을 결국 경배하게 된다는 것입니다. 우리는 하나님에 대한 바른 두려움을 가지고 그분을 사랑하고 경배해야 합니다. 그러면 이 세상을 이길 참된 지혜와 지식을 얻게 되며, 세상이 주는 잘못되고 병든 두려움을 경배하지 않게 됩니다.

이번 달도 겨우 월세만 냈을 뿐, 공과금은 몇 달이 밀렸습니다. 하지만 제가 두려운 것은 전기나 가스가 끊기는 것이 아니라, 하나님과 연결된 은혜와 사랑이 끊어지는 것입니다. 지금은 라면 하나를 먹으면서도 감사할 수 있는데, 혹시라도 교회가 부흥하여 흥청망청 시간과 돈을 쓰고 복음의 능력이 사라질까 봐 두렵습니다. 왜 우리 집에는 차가 없냐고 불평하는 아들의 원망보다는 저를 부르신 주님의 마음을 아프게 하고 제 안에 계신 성령님을 근심케 할까 봐 두렵습니다.

당신은 오늘 무엇을 두려워하며 살고 있습니까? 진짜 두려움을 만나고 있습니까?

* 15번 버스를 기다리다

그는 이미 준비하고 있었습니다. 몸이 불편했기 때문입니다. 15번 버스가 정류장 근처로 들어왔습니다. 정확하게 말하면, 버스 정류장에서 한 차선이나 떨어진 대로변이라고 해야 할 것입니다. 흡사 토끼가 달리듯 사람들이 버스로 몰려갔지만, 그는 거북이처럼 조금씩 조금씩 움직였습니다. 그 누구보다 먼저 출발했지만 가장 뒤처져 있었습니다.

 무질서하게 몰려든 마지막 몇 사람이 다 탈 때까지도 그는 포기하지 않고 느린 몸짓과 절뚝거리는 발 하나를 겨우 끌며 버스로 다가갔습니다. 하지만 버스 운전사는 버스로 다가오는 그 느린 몸짓의 최선을 귀찮게 여겼습니다. 운전사는 백미러로 보이는 장애인을 못 본 듯이 순식간에 버스 문을 닫아 버렸습니다. 아니 정확하게 말하면, 버스가 먼저 떠났고 문은 그 후에 닫혔습니다.

허탈하고 답답한 표정이 역력한 그는 한마디 욕지거리도 하지 않고 다시 버스 정류장으로 돌아갔습니다. 느리고 일그러진 몸동작으로 천천히 돌아갔습니다. 돌아가는 길은 더 힘들어 보였습니다. 얼굴에서 땀이 흘러내렸습니다. 하지만 그는 다시 버스를 기다렸습니다. 다시 15번 버스를 탈 준비를 하고 있었습니다.

그 광경을 지켜보던 저는 속에서 화가 치밀어 올랐습니다. 하지만 제가 할 수 있는 일이 없었습니다. 이전에 한 장애인이 택시를 잡지 못해 계속 고생하는 것을 보고, 택시를 잡아 주고 택시비를 내준 적이 있었지만, 지금은 약속 시간이 5분밖에 남지 않은 상황에서 15번 버스가 언제 와서 제가 잡아 줄 수 있을지 장담할 수 없었습니다. 솔직히 지갑에서 만 원을 꺼내 건네주며 택시를 잡아 주고 싶은 마음도 있었습니다.

하지만 주님은 그런 저의 방법을 막으셨습니다. 그 장애인의 얼굴에서 저의 어떤 분노보다 몇 배는 더 값진 깊은 기다림과 인내라는 방식을 보게 하셨습니다. 그는 꼭 '자신의 방식'으로 15번 버스를 타려는 마음으로 서 있었습니다. 만약 그에게 '저의 방식'으로 도움을 주었다면, 잠시 그 시간의 미봉적 해결책이 될 수 있을지는 몰라도 그의 남은 인생 전부를 향한 구원은 되지 않았을 것입니다.

그때 불현듯 주님이 주시는 생각을 깨달았습니다. 마태복음 16장에서 예수님을 주로 고백했던 베드로가 안타까운 마음이 들어 예수님께 포기하라고 제안했던 '십자가의 길'을 예수님이 고집스럽게 주장하시던 그 파토스로 제게 다가왔습니다. 어쩌면 우리의 나은 길들이 '사탄의 길'이 될지도 모른다는 섬뜩한 충격과 함께 말입니다.

잠시 후, 저는 기다리던 버스에 올랐습니다. 그러고는 차창 밖으로 목을 길게 내밀고는 그 사람이 안 보일 때까지 안타깝게 바라보며 기도했습니다. 다음에 오는 15번 버스는 꼭 탈 수 있기를 말입니다. 하지만 제 영혼에서 더 간절하게 울려나는 기도는 "그가 살아가야 하는 그 방식을 포기하지 않고 아름답게 승리하게 하소서"였습니다. 어쩌면 그것은 모든 그리스도인이 악하고 음란한 이 세대에서 비둘기처럼 순결하고 뱀처럼 지혜롭게 승리하는 믿음이라는 방식일 것입니다.

불합리한 직장이나 신앙이 없는 가정에서 홀로 주님을 믿으며, 모두가 포기해 버린 기독교의 추락하는 퇴폐성 속에서도 소금으로 빛으로 그 자리를 떠나지 않고 당당하게 살아가기를 바라는 소망일 것입니다. 아울러 온 세상을 창조하신 전능자께서 죄로 파괴된 이 세상을 편하게 고치시고자 손쉬운 한 번의 기적이 아니라 범죄한 아담의 두 번째 모습으로, 실패한 이스라엘의 새로운 모습으로 온 세상을 구원하려는 아들을 통한 십자가와 부활이라는 그분의 포기 없는 사랑을 따라 실천하는 일일 것입니다.

그 장애인의 모습에 제 삶이 조금이나마 오버랩이 되어서일까요, 아니면 갑자기 찾아온 가을바람을 차창 너머로 너무 많이 부딪쳐서일까요, 그냥 눈물이 주르륵 흘러내렸습니다.

* 가족이란

늦은 밤, 갑자기 집에 들어오신 아버지가 다짜고짜 물어보셨습니다. "어머니와 살 거냐? 아버지와 살 거냐?" 저는 얼떨결에 "어머니와 살고 싶다"고 했습니다. 그러자 아버지는 잠시 제 얼굴을 바라보시고는 집을 나가셨습니다. 그 후로 제 인생에서 십대가 다 사라질 때까지 아버지의 얼굴을 볼 수 없었고 음성도 들을 수 없었습니다.

부모님이 신학 공부를 하시는 동안 우리 두 형제는 이 집 저 집에 붙어살아야 했습니다. 큰아버지 댁의 작은 방 한 칸에서 2년을 살았고, 외할머니 댁에서도 2년을 살았습니다. 우리 부모님에 대한 원망은 곧바로 우리 두 형제에게 쏟아졌습니다. 2년간 외할머니 댁에 살면서 외할머니가 제 이름을 한 번이라도 따뜻하게 불러 주시는 걸 들어 본 기억이 없습니다. 언제나 저를 "큰놈"이라고 부르셨고, 동생을 "작은놈"이라고 부르셨습니다.

한번은 외할머니가 중요한 물건이 없어졌다며 저와 동생을 도둑으로 몰았습니다. 동생은 집에서만 혼이 났지만, 저는 끝까지 훔친 것이 아니라고 말해서 결국 집에서 내쫓겼습니다. 배가 고파서 저녁 무렵에 문을 두드렸지만 외할머니는 문을 열어 주지 않으셨습니다. 하루 종일 오락실과 놀이터를 외롭게 배회하다가 밤늦게서야 겨우 외할머니 댁으로 들어갈 수 있었습니다. 이불을 뒤집어쓰고 울면서 보낸 그 밤을 아직도 잊을 수 없습니다.

어렵게 사명자의 길로 가게 된 부모님은 수십 번 이사를 하셨습니다. 그 과정에서 정말 하루도 빠지지 않고 싸우셨고, 아버지가 밥상을 엎거나 어머니를 때리기도 하셨고, 어머니는 이따금 집을 나가 버리셨습니다. 아버지가 만들어 준 도시락은 정말 먹기 싫은 반찬 하나였고, 다시 두 분이 화해하셨지만 그것은 금이 깊이 간 도자기에 얇은 투명테이프 하나 붙인 것과 다를 바 없었습니다.

결국 부모님은 이혼하셨고, 우리 가족은 산산조각 났습니다. 한국 땅 가장 힘든 곳에서 목회를 하셨고, 그곳에 교회를 개척하셨으며, 사람들에게 복음을 전하셨고, 이가 빠지는 고통 속에서 교회 건축까지 하셨지만 우리 가족에게 남은 것은 아무것도 없었습니다. 가족은 파괴되고 사라져 버렸습니다. 몸이 아팠지만 우리 가족은 병원에 데려가지 않았고, 공부하고 싶었지만 우리 가족은 기회를 주지 못했습니다.

서른이 될 때까지 제게 '가족'이라는 이름은 부르고 싶지도 않았고 애서 피하고 싶었던, 사전 한 귀퉁이의 명사일 뿐이요, 사람들이 소망하지만 결코 이를 수 없는 이상일 뿐이었습니다. 저는 가족에게 의미 있는 무언가를 받아 본 적이 없다고 생각했습니다. 의미 있는 무언가를 받지 못한다면, 가족이 아니라고 생각했습니다.

그러던 어느 날 아내를 만나게 되었습니다. 아내는 저와 다를 바 없는 환경에서 자랐지만 지혜롭고 따뜻하고 사랑스러웠습니다. 우리는 가난해서 신혼여행조차 갈 수 없었고, 외식 한 번 할 수 없었습니다. 하지만 서로를 위해 기도하며 섬겼고, 2년 후에 우리의 첫 아이가 태어났습니다. 36시간 동안 산통을 겪으며 기다렸던 그 소중한 생명이, 우리 딸이라는 이름으로 제 손에 들려졌을 때, 아이를 위해 눈물로 기도하면서 잃어버렸던 가족에 대한 소망을 다시 품게 되었습니다.

지인에게 배신을 당해 1년 3개월 동안 작은 집에서 가정교회를 하면서 저는 딸을 돌보았고 아내는 직장에 나갔습니다. 제가 이미 그려 놓은 더럽고 상처 난 캔버스가 아니라 밝고 따스한 새 캔버스에서 우리 딸에게 주어진 가족이라는 생명을 시작하고 싶었습니다.

아이를 위해 천 기저귀를 서른 개 만들었고, 아내가 짜 놓고 간 젖을 데워 아이에게 먹이고 돌보았습니다. 아픈 아이를 안고 하루 종일 기도하고, 잠을 못 자는 아이를 업고 밤새도록 동네를 돌아다녔습니다. 그러면서 저는 아버지가 되었고 그 어린 생명은 제 딸이 되었습니다. 그렇게 우리는 가족이 되어 갔습니다.

그리고 1년 후에 둘째가 태어났고, 제 나이 마흔이 넘어 기적같이 늦둥이도 태어났습니다. 아침부터 늦은 밤까지 이 작은 생명들에게 필요한 것들을 주면서, 가족이란 제가 받아야만 하는 것이 아니라 기쁨으로 무언가를 주는 것임을 서서히 깨닫게 되었습니다.

우리 교회는 매년 부활절마다 '플로잉' 행사를 합니다. 각자 교회 식구들을 위해 작은 선물을 준비해서 나누는 행사입니다. 이 일을 위해 하나님께 기도했습니다. 그러자 하나님은 계약만 하고 아직 다 쓰지도 않은 책의 선인세를 출판사를 통해 보내 주셨습니다. 이 금액을 모두 아내와 아이들에게 주면서 교회 식구들에게 주고 싶은 것을 사라고 했습니다. 아내와 아이들은 신이 나서 나누고 싶은 것들을 하나하나 장만하여 정성껏 포장하고 편지를 썼습니다. 그리고 기쁘게 나누어 주었습니다.

그날 아이들이 준비한 바지 하나와 편지를 받았습니다. 아이들이 "아버지는 늘 나누어 주기만 하시고, 플로잉을 진행하면서 아무것도 받지 못하는 것이 미안하다"고 했습니다. 그래서 이렇게 말했습니다. "아버지는 이 교회가 가족 흉내를 내는 게 아니라 진짜 가족이 되었으면 좋겠다. 그러려면, 받으려는 사람이 아니라 주려는 사람이 많아져야 해. 내가 가장 많이 주는 사람이 되고 싶구나."

오늘도 수요예배를 마치고 밤 10시가 다 되어 집으로 가면, 저를 기다리는 세 아이의 밝은 눈동자와 목소리가 있습니다. 오늘도 작은 봉지에 선물을 담아 들어갑니다. 아내는 아이들이 살찐다고 걱정이지만, 저는 그래도 작은 봉지에 과자 몇 개를 담아 아이들에게 전합니다.

가족이란 받는 사람도 있어야겠지만, 오직 받는 사람만 있으면 파괴되고 맙니다. 가정은 주는 사람들이 모인 곳입니다. 성삼위 하나님이 저의 생명의 가족이 되시는 이유는 그분이 모든 것을 주셨고 지금도 여전히 풍성히 주려 하시기 때문입니다. 그래서 저도 그분의 가족이 되고자 인생을 드렸습니다.

주님은 "받는 자보다 주는 자가 복 있다"고 하셨습니다. 저는 "받는 자보다 주는 자가 진짜 가족이다"고 말하고 싶습니다.

* 그 한마디

솔직히 고백하자면, 저는 결혼에 대한 기대가 없었습니다. 결혼은 불가능한 일로만 보였습니다. 지나간 슬픈 과거를 다 말할 수 없겠지만, 각자 자신이 걸어온 과거와 연결된 길을 미래라는 이름으로 걸어갈 수밖에 없으며, 그 길을 벗어난 길을 기대할 수야 있겠지만 그런 기대가 모두 현실이 되지 않는다는 것을 어쩔 수 없이 인정해야 합니다. 저 역시 연약한 인간입니다.

저녁 무렵, 저 멀리 보이는 등불 앞으로 다가가면 다가갈수록 저의 그림자는 짧아지지만(그래서 혹시라도 없어지지 않을까 하는 소망을 가지고 그 등불 앞으로 다가가지만) 그 그림자는 빛

바로 앞에서도 사라지지 않고 오히려 더 선명해지는 것처럼, 과거라는 그림자도 제 몸에서 절대 떨어지지 않을 것 같았습니다.

하지만 주님의 신실하신 사랑으로 인해 결혼하게 되었고 세 아이를 낳고 보니, 감사한 마음이라는 작은 산을 넘어 더 큰 산맥들이 보였습니다. 그것은 아이들을 내 육신의 자녀가 아닌 주님의 제자로 키워 보겠다는 열정과 꿈이었습니다.

우리 부부는 오랜 시간 다양한 교육서적을 읽고 대한민국의 소위 '의무교육'이라고 하는 껍데기 안쪽에 자리 잡은 아이들의 삶에 대한 진실을 파고들어 그 속살을 찾아보고 또 연구했습니다. 그리고 4년 넘게 간절히 기도했습니다. 부모들의 차가운 시선과 염려 담긴 주변의 조언을 넘어서 결국 힘든 홈스쿨링의 길에 들어섰습니다.

텔레비전과 세상의 악한 문화를 차단하고, 세상 사람들에게 인정받을 '좋은'(Good) 삶이 아니라, 하나님께 '착하고 충성된 종이라' 칭찬받을 '가장 좋은'(Best) 존재로 세우고자 우리 부부가 모범을 보이려고 몸부림쳤습니다. 무엇보다 먼저, 선배들의 조언처럼 '하다가 중간에 그만두면 더 안 좋은 결과가 나올 것'이라는 말을 배수진으로 치고 '공부 잘해서 지식만 커지는 아이가 아니라, 하나님의 말씀과 성령의 지혜로 충만한 요셉과 다니엘처럼 다음 세대를 이끌 믿음의 지도자가 되도록' 기도하고 훈계하며 가르치고 또 함께 시간을 보냈습니다.

물론 우리 부부는 아직 미완성의 시간 속에서 수없는 시행착오를 가드레일로 삼아 다시 섬세한 악기를 조율하듯 이 어려운 길을 두렵고도 기쁘게 가고 있습니다. 여전히 진행 중인 이 길에서 누군가 문득문득 질문합니다. "홈스쿨링에서 가장 행복한 순간이 언제냐?"고 말입니다. 물론 많은 순간이 그 대답이 될 수 있을 것입니다.

어렵게 한 구절 한 구절 성경을 암송해 나가다가 어느 순간 한 장 전체를 자신 있게 외우는 모습이나, 삶의 어려운 순간마다 하나님의 말씀을 기억하고 그 기준에 맞추어 살아가고자 세상적인 것을 포기하는 모습이나, 아침과 저녁 그리고 매 식사 시간뿐만 아니라 금요예배 시간에 간절한 목소리로 부르짖어 기도하는 모습이나, 예수님의 성품과 예수님의 능력으로 조금씩 성장해 가는 모습들일 것입니다.

하지만 그보다 더 선명하고 몸에 와 닿는 확실한 하나를 말하면 다음과 같습니다. 제가 아이들의 아버지로서 무언가를 부탁하고 가르치고 훈계할 때, 아이들이 진실한 마음과 태도와 삶으로 "네, 아버지!"라고 대답하는 순간입니다. 그것이 한마디로 무엇인지 아십니까?

그렇습니다! 바로 순종입니다. 그 순간 온몸으로 감사와 감동을 느낍니다. 이따금 아이들이 마음으로 이해가 되지 않고 감정적으로 동의가 되지 않아도 아버지의 존재를 믿고 아버지의 말씀에 순종할 때, 참으로 이 아이들이 저의 사랑하는 자녀임을 검증하게 됩니다.

그렇다면 여기서 한 걸음 더 나아가, 하늘 아버지께서 저를 지으시고 이 세상에 사명을 주어 보내신 후에 가장 크게 감동하시는 순간은 언제일까 생각해 봅니다. 그것 역시 제가 "네, 아버지!"라고 말할 때라고 믿습니다. 맑은 하늘 아래에서 방주를 만든 노아가, 본토 친척 아비의 집을 떠난 아브라함이, 죽으면 죽으리라 결단하고 왕 앞으로 나아간 에스더가, 그리고 십자가에서 예수 그리스도께서 "네, 아버지!"라고 한 그때가 하늘 아버지의 감동과 역사를 일으킨 순간이었다고 생각합니다. 저 역시 이 작은 십자가교회를 시작할 때 "네, 아버지!"라고 응답했고, 매 순간 그렇게 나아가고자 몸부림칩니다.

당신은 어떻습니까? 하나님 아버지의 아들과 딸로서 지금 어떤 삶을 살아가고 있습니까? 순종이 제사보다 낫고, 결국 얼마나 아느냐가 아니라 얼마나 순종하느냐에 모든 것이 달려 있습니다. 크고 위대한 일을 꿈꾸십니까? 이 세상의 가장 위대한 일들은 모두 가장 위대한 순종에서 비롯된 것임을 잊지 마십시오! 어쩌면 남은 인생 우리가 주님께 드려야 할 말은 이 한마디일지 모릅니다.

"네, 아버지!"

* 가장 위대한 기다림

첫째 딸 다소가 이 세상에 나오던 날을 잊을 수 없습니다. 아내의 산통이 시작되었고, 우리는 준비한 물건들을 챙겨서 조산원으로 갔습니다. 금방이라도 나올 것 같았던 아기는 한 해의 마지막 날을 넘기더니, 그다음 해 3일이 될 때까지 우리를 기다리게 했습니다. 양수가 터지고 나서 산통이 7분에서 5분으로 줄었다가 다시 3분으로 줄기까지 수십 번 시간을 재며 아내 옆에서 기도했습니다.

아내는 거의 3일간 먹는 것은 고사하고 잠도 잘 수 없었습니다. 일어설 수도 앉을 수도 없는 고통 속에서 그때를 기다리며 견뎌야 했습니다. 그렇게 힘들고 아프게 아기는 이 세상에 왔습니다. 너무 감사하고 너무 반가웠습니다. 수많은 사람들이 그 기다림의 시간을 줄이고자 약물을 사용하거나 수술을 합니다. 심지어 그 기다림의 시간 자체를 원치 않아서 자녀를 낳지 않는 사람도 만나 보았습니다. 하지만 우리 부부는 충분히 기다렸습니다. 그렇게 우리는 주님이 원하시는 시간까지 건강한 우리 아기를 기다리는 법을 배웠습니다. 그것이 진짜 부모가 되는 첫 번째 과정이었습니다.

그러나 그것은 시작일 뿐이었습니다. 우리 부부는 아이가 커 가면서 스스로 잠을 잘 수 있을 때까지, 스스로 용변을 볼 수 있을 때까지, 스스로 먹을 수 있을 때까지, 스스로 말할 수 있을 때까지 기다려야 했습니다. 당연히 그 기다림은 아무것도 하지 않는 수동적인 방관이 아니었습니다.

밤이면 잠을 자지 못하는 아이를 업고 동네를 돌아다녀야 했으며, 아이가 아플 때는 팔이 떨어져 나갈 것 같은 고통을 견디며 안고 있어야 했습니다. 먹을 것과 입을 것을 챙기는 것은 기본이었고, 토하고 싸고 실수한 것들을 수없이 갈무리해 주어야 했습니다. 한 사람의 장성한 존재로 성장할 때까지 적극적인 기다림으로 한 영혼을 가르치고 돕고 고치며 함께 기다려야 했습니다. 어쩌면 자녀를 키우는 모든 것은 기다림에서 시작되는 것 같습니다. 그래서 사랑의 첫 특징이 '오래 참음'인지도 모르겠습니다.

세 아이를 기르면서 수없이 기다립니다. '빨리'라고 하고 싶은 수많은 순간을 참으면서 아이들과 함께 걷고 먹고 말하고 웁니다. 겉으로 보기에는 세상에서 가장 쉬운 일인 것 같은데, 실제로 해보면 가장 어려운 일이 바로 기다림입니다. 그러면서 하늘 아버지를 생각합니다. 나라는 존재가 여기까지 오는 동안, 그분이 얼마나 많이 기다리셨을까를 생각하니 눈시울이 붉어집니다.

그분은 우리를 향해 수없이 기다리십니다. 그러나 절대 팔짱을 끼고 기다리시지 않습니다. 수많은 말씀과 섭리와 감동으로 우리를 돕고 격려하실 뿐만 아니라 심지어 자신의 몸을 십자가에 못 박아 모든 것이 쏟아져 사라질 때까지 우리를 기다리십니다. 그리고 "너는 나를 사랑하느냐?"라고 물어보십니다. 그분은 오래 참으십니다. 이어 기다리십니다. 지금도 그렇게 하십니다. 우리의 철없는 말과 가식적인 행동과 이중적인 삶의 방식을 다 아시면서도 다시금 말할 수 없는 탄식으로 우리를 위해 중보하며 기다리십니다.

그러므로 우리는 가장 먼저 참으로 바르게 기다리는 법을 배워야 합니다. 이 세상은 너무나 조급하게 흘러갑니다. 하나님의 진리는 세상의 방식과는 다릅니다. 우리는 의지적으로 세상의 방식에서 벗어나 하나님의 방식으로 돌아서야 합니다. 세상에서 가장 위대한 일은 가장 위대한 기다림에서 시작되었고, 지금도 그 기다림 속에서 진행되고 있습니다.

우리는 물이 바다를 덮음같이 온 세상이 하나님을 인정하는 그날을 기다립니다. 진리의 말씀을 선포하고, 함께 기도하며, 선으로 악을 이기고, 빛과 소금으로 살면서 말입니다. 그리고 다시 오실 주님을 기다립니다. 마치 내일 그날이 올 것처럼 기대와 소망을 가지고 오늘을 살아갑니다. 기다림은 가장 무능한 자의 마지막 선택이 아니라, 가장 위대한 하나님의 사람이 시작하는 생명입니다.

세상에서 가장 위대한 일은 가장 위대한 기다림에서 시작되었고,
지금도 그 기다림 속에서 진행되고 있습니다.

* 부족함을 만난다는 것

 우리 형제가 얼마 동안 살았던 외할머니 댁에 외삼촌이 있었습니다. 서울대를 다니는 수재였지만 장기에 대해서는 아무것도 몰랐습니다. 저녁마다 외삼촌은 우리 형제에게 투게더 아이스크림을 걸고 장기를 두자고 했습니다. 말이 가는 길도 모르는 삼촌과 두는 장기는 너무 시시했지만, 장기가 끝나고 나면 당연히 먹을 수 있었던 비싼 아이스크림 덕분에 우리는 마냥 즐거웠습니다.

 그러던 어느 날 이상한 일이 일어났습니다. 언제나 우리보다 하수라고 생각했던 외삼촌이 우리를 이긴 것입니다. 너무 화가 나고 이해가 되지 않았습니다. 하지만 조만간 그 이유를 알게 되었습니다. 항상 이길 수밖에 없는 상대라고 우리가 깔보았던 외삼촌은 끊임없이 장기를 공부하여, 잠자던 토끼를 성실한 거북이가 이긴 것처럼 역전할 수 있었던 것입니다. 자신의 부족함을 모르는 사람은 패했고, 자신의 부족함을 알았던 사람은 승리했습니다.

솔직히 우리는 '부족함'을 좋아하지 않습니다. 우리는 완벽하기를 바라고 철저하기를 바랍니다. 하지만 자신이 온전하다고 생각하는 순간 교만해지고 맙니다. 부족함을 보지 못하는 사람은 달려가지 않으며 자기 삶에 안주하게 됩니다. 기도가 부족하다는 것을 알 때 우리는 기도에 전념하게 되며, 말씀이 부족하다는 것을 알 때 우리는 겸손히 말씀을 읽는 시간을 내게 됩니다. 사랑이 부족하다는 것을 알 때 우리는 사랑에 대한 책도 읽고 얼굴 표정도 바꾸고 언어도 새롭게 하게 됩니다. 이처럼 부족함은 삶을 살아 있게 만들고 부단히 노력하게 만듭니다.

그런데 이 부족함에는 더 큰 비밀이 있습니다. 우리가 공동체 안에서 부족함을 발견할 때 그 비밀을 알 수 있습니다. 하나님이 각 사람의 부족함을 비판과 판단의 수단이 아니라 서로가 서로를 돕고 섬길 기회로 주셨다는 것이 바로 그 비밀입니다! 가정에서부터 직장, 학교, 그리고 교회의 중보 기도 모임에 이르기까지 사람들이 모인 곳이라면 리더로부터 작은 구성원까지 각자 부족함이 있습니다.

우리는 이 부족함을 비난의 도구로 사용할 수도 있고 기도 제목으로 삼을 수도 있습니다. 우리가 부족함을 피해야 할 장애물이 아니라 넘어야 할 징검다리로 보게 되면, 그 부족함을 회피하기보다 껴안을 수 있게 됩니다. 눈이 보이지 않는 사람은 귀나 코와 같이 다른 감각이 눈의 부족함을 대신하며, 보이지 않는 눈도 몸의 한 부분으로 받아들입니다.

공동체 역시 그러합니다. 누군가에게 있는 부족함이 내게도 있음을 발견하게 됩니다. 내가 다른 사람의 부족함을 섬길 때, 다른 사람도 나의 부족함을 배려해 줍니다. 놀라운 일은, 이를 통해 부족한 사람들이 모여 온전한 모임이 된다는 것입니다.

우리 막내딸 다연이는 부족함이 많습니다. 아니, 부족함으로 가득 차 있다고 해야 할 것입니다. 하지만 우리 부부는 막내딸의 부족함을 비난의 도구나 회피의 벽으로 삼지 않습니다. 섬김의 기회와 양육의 통로로 삼고 있습니다. 놀라운 사실은, 완벽한 한 아이의 성과를 통해 어느 부부가 인생의 기쁨을 맛보는 것이 있을지 몰라도, 부족함으로 가득한 어린아이를 섬기고 돌봄으로 평범한 부부가 진짜 부모로 성장하며 그러한 상호 작용을 통해 진짜 가정이 되어 간다는 것입니다.

혼자서는 밥도, 잠도, 심지어 용변도 해결할 수 없는 다연이의 부족함이 저를 아버지로 만듭니다. 피곤하고 지쳐서 한 걸음도 더 걷기 힘든 밤에 집으로 돌아오면, 아직 말 한마디 못 하는 그 아이가 환한 미소를 지으며 달려와서 안아 달라고 할 때, 그 부족함을 채워 달라고 할 때, 신기하게도 저는 아이를 안아 올릴 수 있는 힘을 얻고 동시에 제 안에 부족했던 무언가를 아이가 채워 주고 있음을 느낍니다.

그러므로 부족함을 미워하지 말고 사랑하십시오. 이 말은 부족함에 계속 머물러 있으라는 뜻이 아니라, 부족함을 썩게 내버려 두지 말고 발효시켜 가치 있는 것이 되게 하라는 뜻입니다. 누군가가 말한 것처럼, 세상 어디에나 틈이 있습니다. 빛은 바로 그 틈으로 흘러나옵니다.

*그 일을 함께하는 것

세상에서 가장 힘든 일이 무엇일까요? 공부하는 것일까요? 일하는 것일까요? 사람을 살리는 일일까요? 자아가 죽는 일일까요? 아프리카 오지로 가서 복음을 전하거나 이슬람과 공산권에서 교회를 개척하는 일일까요?

당신이 무엇을 가장 힘든 일이라고 결정하든, 언제나 그보다 한 단계 더 힘든 일이 있으니, 그것은 바로 '그 일을 함께하는 것'입니다. 그저 대충 함께하는 흉내만 내는 것이 아니라, 한 공간에서 한마음이 되어 협력하고 연합하는 것을 말합니다. 그것은 정말 어려운 일입니다.

저는 대학교 4년 동안 선교학을 전공했고 방학에는 단기 선교를 여러 번 나갔습니다. 학교에서 공부를 하고 선교 준비를 할 때까지만 해도 우리는 기대로 가득 차서 아무 문제가 없어 보였습니다. 그러나 막상 선교를 나가서 같은 방에서 먹고 자며 영적 공격을 받기 시작하면 상황은 완전히 달라집니다. 서로의 단점과 상처가 드러나고 오해와 실수가 더해져서 '차라리 혼자 했으면' 하는 생각이 수없이 밀려옵니다. 단기 선교를 마치고 사이가 심각하게 나빠진 친구도 있었고, 그 후에 다시는 만나지 않는 사람도 생겼습니다.

요한복음 17장에서 예수님은 제자들이 하나 되기 위한 기도를 하십니다. 그것은 제자들만이 아니라 그분의 몸된 교회와 성도들을 향한 계속적인 기대이기도 합니다. 예수님이 3년간 함께하실 때도 제자들은 하나 되기 어려웠습니다. 하물며 이제 예수님이 떠나시는데, 제자들이 하나 되는 것은 더 어려워 보입니다.

그래서 예수님은 유언 같은 기도를 하고 계신 것입니다. 쉽게 될 일이라면 그렇게 기도하실 필요가 없었을 것입니다. 아울러, 제자들이 하나 되는 것은 해도 되고 안 해도 되는 것이 아닙니다. 복음 안의 연합은 매우 소중한 가치를 넘어서 위대한 비밀입니다.

무엇보다 하나님의 존재 자체가 연합의 신비를 가지고 있습니다. 성부, 성자, 성령 하나님은 각자 다른 위격을 가지고 계시면서도 하나의 본체로 우리에게 다가오셨습니다. 하나님은 한 번도 누군가를 특별한 영웅으로 만들려 하지 않으셨습니다. 아담과 하와, 가인과 아벨, 노아와 일곱 명의 가족, 아브라함과 사라, 모세와 아론, 다윗과 요나단, 야곱과 열두 지파, 그리고 열두 제자와 교회들이 끊임없이 연합하여 하나님의 일을 하도록 하셨습니다.

하나님은 사람이 독처하는 것이 좋지 못하다고 하셨고(히브리어로 '라아'), 형제가 연합하는 것이 선하고 아름답다고 하셨습니다(시 133편). 우리는 하나님의 특별한 한 사람을 기억할지 몰라도, 하나님은 절대 그 한 사람이 혼자서 하는 것을 기뻐하지 않으십니다. 사도 바울도 고린도 교회에 보내는 편지에, 자신은 교회가 분리되는 것을 기뻐하지 않으며 그들 중에 있는 약한 자와 강한 자 모두가 그리스도를 머리로 하여 한 몸이 되어 함께 기뻐하고 함께 기도하라고 호소합니다.

최후에 주님은 우리의 신랑이 되시고, 교회는 그분의 신부가 되어 하나 되고자 하십니다. 그것이 바로 우리가 소망하는 천국의 실체입니다. 그러므로 복음의 모든 가치와 능력과 방향은 '연합하지 않으면 이룰 수 없는 것'임을 알아야 합니다.

오늘날 교회만 보아도 그 상황이 아주 심각합니다. 같은 하나님과 같은 성경을 믿으면서도 수백 개의 교단과 교파가 단순히 지역적인 이유로 분산된 것이 아니라, 서로 분리되고 적대적이 되어서 연합을 이루지 못합니다. 더 가슴이 아픈 것은, 연합이라는 이름만 있을 뿐 복음의 아름다운 가치나 말씀을 중심으로 한 협력이 아니라, 대다수 정치와 인맥과 인간적인 쾌락만을 추구하는 변질되고 억압하며 철저히 인간 중심적인 연합만 있다는 것입니다.

그러므로 이제 우리는 이기적이고 자기중심적인 왜곡된 신앙뿐 아니라, 잘못된 중심과 잘못된 목적을 가진 변질된 연합의 현실을 회개하고, 예수 그리스도께서 보여 주신 거룩한 말씀을 중심으로 하여 하나님의 사랑 안에서 성령님이 이끌어 가시는 목적을 향해 다시금 연합하도록 기도하고 애써야 합니다. 온 세상의 교회가 하나 되려면 먼저 우리 교회부터 하나 되어야 합니다. '하나 될 수 없다'는 부정적인 생각을 버리고 주님의 마음으로 자신을 낮추고 섬기고 이끌어 2천 년 전에 예수님이 하신 그 기도가 이 작은 공동체에 이루어지도록 순종해야 합니다.

이런 작은 소망을 가져 봅니다. 우리 각 사람이 일주일 동안 다양하게 살아가지만 일주일에 한 번, 아니 한 달에 한 번이라도 같은 자리에서 같은 마음으로 기도할 수 있다면 하나님이 원하시는, 참으로 그분이 하고 싶어 하시는 그 일이 시작될 것이라고 믿습니다.

하루 종일 일을 하고 저녁에 집으로 왔습니다. 배가 고팠고 먹고 싶은 것이 있었습니다. 그러나 잠시 기도하고 나서 '나'가 아니라 '우리'로 바꾸어 하나님께 마음을 드렸습니다. 사랑하는 아내와 아이들, 심지어 이제 겨우 27개월밖에 되지 않은 막내도 함께 맛있게 먹을 수 있는 것을 생각해 봅니다. 무엇을 먹었는지 궁금하십니까? 무엇을 먹었느냐도 중요하지만 누구와 어떻게 먹었느냐도 중요합니다.

잠시 시간을 내어, 지금 이 순간 '나'가 아니라 '우리'로 주어를 바꾸어 보십시오. 그러면 조금씩 나로부터 우리로 나아가며 변화되고 성장하여 "우리와 같이 그들도 하나가 되게 하옵소서"(요 17:11)라고 하신 그 기도가 응답되는 감격을 누리게 될 것입니다.

* 나를 힘들게 하는 사람들

그날은 우리 집이 이사하는 날이었습니다.

산본동의 다세대 주택 지역, 좁은 골목 가운데 자리를 잡은 우리 월세방에 이삿짐 차가 들어오고 나가려면 골목에 주차된 차가 있으면 아주 힘듭니다. 그래서 며칠 전부터 열 장 넘게 종이에 글을 써서 골목 진입로마다 붙여 놓았습니다. 몇 월 몇 일 몇 시에 이삿짐이 나가니, 죄송하지만 주차를 양보해 달라는 내용의 글입니다. 사실 이 동네에 사는 사람들은 모두 그렇게 이사를 합니다.

그런데 이사하는 날 아침, 우리 집으로 들어오는 유일한 골목 앞에 자동차 한 대가 보란 듯이 서 있었습니다. 이삿짐센터 아저씨와 함께 수십 통이나 전화를 하고 큰소리로 불렀지만, 그 자동차 주인은 전화를 받지도 골목으로 나오지도 않았습니다. 하는 수 없이 그 차 뒤에 이삿짐 차를 세우고 집에서부터 이삿짐을 일일이 날라서 옮겨야 했습니다. 안 그래도 힘든 이사가 배나 더 힘들게 되었습니다.

이삿짐을 거의 다 옮길 즈음, 한 여자가 나타나 문제의 그 자동차에 타더니 자신이 나가야 하니까 이삿짐 차를 치우라고 했습니다. 지금까지 그 차 때문에 힘들게 이삿짐을 나른 것도 화가 나는데, 갑자기 나와서 사과 한마디 없이 자신이 나가야 하니 이삿짐 차를 치우라는 것입니다. 이삿짐센터 아저씨와 저는 정말 어처구니가 없었습니다.

잠시 후 그 여자의 남자친구로 보이는 아저씨가 어디선가 나타나 소리를 지르기 시작했습니다. "차 빼! 차 빼란 말이야!" 정말이지 그들은 지상 최고의 이기주의자들이었습니다. 결국 무례하고 말이 통하지 않는 그 사람들을 위해 이삿짐을 가득 실은 트럭을 끈으로 다 묶지도 못한 채 천천히 빼야 했습니다. 그들은 감사도 사과도 없이 쌩하고 가버렸습니다.

교회를 개척하고 나서 11년간 그보다 심한 사람들을 수없이 만났습니다. 마음이 너무 상해서 며칠 동안 밥을 먹지 못한 때도 있었고, 속상한 눈물로 며칠 밤을 기도하던 때도 있었습니다. 그런 상황은 지금도 진행 중입니다.

하지만 돌아보면, 저를 목사라는 직함만 가진 사람이 아니라 진정한 그리스도인으로 만든 것은 바로 그런 사건과 그런 사람들이었습니다. 행복하고 즐거운 일들만이 아니라 고통스럽고 아픈 순간들을 통해 주님은 저를 더 새롭게 만들어 가셨습니다. 성경 말씀 그대로 "환난은 인내를, 인내는 연단된 인격을, 연단된 인격은 이 땅의 허망한 욕망이 아니라 하늘의 소망을 이룬 것"이었습니다.

혹시 지금 당신을 힘들게 하는 사람이 있습니까? 그렇다면 그 사람을 바라보지 말고 하나님을 바라보십시오. 이 모든 사건의 큰 그림을 그리시고 기대하고 계시는 하나님을 바라보십시오. 그러면 힘들게 하는 사람들로 인해 우리는 하나님께 의미 있는 사람이 될 것입니다.

03

* 할 수 있는 것을 하지 않는 능력

주님이 주신 이름, '십자가'를 교회 이름으로 내걸고 나서 많은 사람들이 십자가교회 이름에 대해 평가를 내려 주었습니다. 일부는 교회 이름이 너무 강하다고 했고, 일부는 교회 이름이 참 아름답다고 했습니다. 대다수 신앙생활에 자신이 없는 사람들이나 교회를 염려해 주는 사람들은 이 이름을 부담스러워했고, 신앙생활에 나름대로 열정을 가진 사람들은 이 이름을 사랑해 주었습니다. 하지만 그 누구보다 십자가라는 이름을 가장 많이 고민하고 생각한 사람은 '십자가'라는 교회 이름을 내걸고 목회하는 담임목사일 것입니다.

십자가가 왜 위대할까에 대해 많이 고민했습니다. 사실 십자가는 로마시대의 가장 참혹한 사형 도구입니다. 그 누구도 자기 부모나 민족을 잔인하게 살해한 도구의 형상을 목걸이나 귀걸이로 하고 다니지는 않았을 것입니다. 그리고 그 어떤 종교도 그것을 자기 종교의 결정적인 상징으로 받아들이려 하지 않았을 것입니다. 그런데 어째서 수많은 형상을 우상 취급하며 교회 장식에 밋밋함을 추구하는 기독교가 오직 '십자가'만은 교회의 전면과 성전 맨 앞에 달고 있을까요?

도대체 십자가는 무엇일까요? 그것이 진정 능력이 아니라면 우리는 왜 그것을 바라보고 있을까요? 우리는 십자가가 분명한 능력이라는 사실을 알고 있습니다. 십자가는 우리 인류의 근본 문제인 사망의 근원이 되는 죄라는 운명을 해결하고 역전시킨 능력입니다. 여기서 조금 더 깊이 들어가 보겠습니다. 그 십자가 자체가 진정 우리 식의 능력이었을까요? 아니, 그것은 도대체 어떤 능력이었을까요?

아이러니하게도, 사복음서가 전체 본문의 3분의 1 이상을 할애하는 고난과 수난으로 이어지는 십자가 이야기는 솔직히 말해서 능력이 아니라 '무능력 그 자체'로밖에 보이지 않습니다. 예수님은 정말 어처구니없게 체포되어 부당한 재판을 받고 말도 안 되는 방식으로 십자가를 지십니다. 그분은 그렇게 말을 많이 하시더니 십자가 앞에서는 거의 침묵하셨고, 수많은 기적과 능력을 행하시더니 십자가 앞에서는 아무것도 하지 않으셨습니다. 애가 타고 화가 나서 눈물이 납니다.

그런데, 그런데 말입니다. 바로 거기에 참 능력이 있었습니다. 진짜 위대한 능력 말입니다. '할 수 있으나 하지 않는 능력'이 바로 거기에 있었습니다. 예수님은 열두 군단(한 군단이 6천 명입니다)도 더 되는 천사를 부를 수 있었지만 그렇게 하지 않으셨습니다. 강력한 능력으로 그 자리를 피할 수 있었지만 그렇게 하지 않으셨습니다. 그분은 본질적으로 죽지 않아도 되는데(불멸의 존재), 그 고통을 당하지 않아도 되는데 그렇게 하지 않으셨습니다.

자신이 할 수 있는 것을 하지 않는 능력, 절제의 능력, 포기의 능력, 참음의 능력, 침묵의 능력, 희생의 능력이 바로 십자가의 본질입니다. 남을 죽이는 것이 아니라 내가 죽어 내어 주는 능력, 그것이 가장 큰 능력인 것입니다. 오직 아버지께 모든 것을 맡기고 자신이 가진 모든 능력을 포기한 능력입니다.

그것이 바로 아브라함이 아들 이삭을 내어놓은 능력이었고, 수많은 성도들이 믿음의 시작에서 진심으로 자신을 물속에 담그는 능력이었으며(세례), 믿음의 마지막에서 조금도 흔들림 없이 순교하는 능력이었습니다. 오늘 우리에게 없는 능력은, 할 수 없고 해서는 안 되는 것까지 억지로 하는 것이 아니라, 할 수 있음에도 불구하고 하지 않는 능력이 아닐까요?

며칠 전 십자가를 묵상하며 길을 걷고 있는데, 생선 파는 아저씨가 방금 다 판 생선 상자의 남은 물을 제 앞에서 쏟았습니다. 그런데 제가 그 아저씨의 생각보다 걸음이 빨랐나 봅니다. 제 바지와 신발에 비린내 나는 물이 덮쳤습니다. 하고 싶은 말이 많았지만 꾹 참고 십자가를 생각했습니다.

예수님의 능력이 필요했습니다. 십자가의 능력 말입니다. 저는 신발이나 바지를 터는 시늉도 하지 않고 그냥 그 상황을 넘어갔습니다. 미안해하는 아저씨의 얼굴에 작은 미소를 보내고 앞으로 걸어갔습니다. 그 순간 참으로 신기하게 화가 나지 않았습니다. 십자가의 능력을 생각하니 말입니다.

* 진짜 힘

건이의 얼굴은 슬퍼 보였습니다. 아니, 아파 보였습니다. 속상하고 분해 보였습니다. 하루 종일 집에서 공부를 하다가 잠시 놀려고 저녁 무렵 놀이터로 나갔다가, 상처를 입고 돌아왔습니다. 현관문을 닫고 들어오는 건이의 눈에서 참고 참았던 눈물이 떨어지고 말았습니다.

"뭘 봐? 이 새끼야!"

어쩌면 대수롭지 않은 짧은 말이라 할지 모르지만, 은어나 속어 한 번 쓰지 않은 우리 아들에게는 날카로운 칼에 찔리는 것 같고 험한 대못이 박히는 느낌이 들었을 것입니다. 놀이터에 나갔다가, 거칠게 딱지를 치며 노는 형들의 모습을 한번 쳐다본 죄로 건이는 거친 언어에 심한 상처를 받고 집으로 돌아왔습니다.

그런데 이 둘째 아이가 받은 마음의 상처는 금세 우리 가족 모두에게 전해졌습니다. 아내도 말이 없었고, 딸도 슬픈 표정으로 바뀌었습니다. 저는 심히 고민이 되었습니다. 어떻게 해야 할까? 세상 아빠들처럼 "뭐냐? 사내자식이 그런 걸로 마음이 약해져서 이 험한 세상을 어떻게 살겠어!"라고 해야 할지, 아니면 "그 자식 어디 있냐? 당장 나랑 같이 가자!"라고 해야 할지 말입니다.

우리 인생은 이처럼 갑작스레 '악한 힘'을 만나는 곳입니다. 기분 좋게 아침을 열고 출근했는데 불쾌한 일이나 우중충한 날씨로 우울한 하루를 보낼 때도 있고, 따뜻하게 인사를 건넸는데 거절당하거나 모욕적인 말로 상처를 받을 때도 있습니다. 최선을 다했지만 사회와 조직 전체가 가진 불합리와 비리라는 힘 앞에서 넘어질 때도 있습니다.

심지어 교회 안에 은혜와 사랑이 넘쳐야 함에도 불구하고 거짓과 위선으로 신앙을 모두 잃어버리는 비극이 펼쳐지기도 합니다. 우리는 악한 힘 앞에서 얼마나 많이 무너져야 했던가요! 지금도 치가 떨리는 과거와 사람과 흔적이 우리를 힘들게 하고 고통스럽게 만듭니다.

에덴동산이라는 아름다운 공간에서도 악한 힘은 아담과 하와를 속였고, 예배라는 가장 거룩한 시간을 마친 후에 악한 힘은 형제를 살인하게 만들었습니다. 악한 힘은 약속의 땅으로 가는 내내 이스라엘 백성으로 하여금 불평하게 만들어 목적지에 이르지 못하게 했고, 하나님을 사랑한 다윗도 유혹하여 거짓말하고 간음하며 살인하게 만들었습니다.

악한 힘은 잠자지 않고, 쉬지 않으며, 포기하지 않습니다. 심지어 예수님에게 와서 그분을 시험하고, 사람들을 충동질했으며, 열두 제자 중에 하나는 배신하고 나머지 제자들은 주님을 부인하게 만들었습니다. 새벽을 알리는 닭 울음소리가 날카롭게 울릴 때, 베드로의 마음은 지금 제 마음처럼 아팠을 것입니다.

하지만 우리는 이 땅에 악한 힘만 있는 것이 아님을 알고 있습니다. 악한 힘을 넉넉히 이기고도 남는 위대한 힘이 태초부터 우리와 함께 계셨고, 우리에게 오셨으며, 그리고 이제 우리와 영원히 함께하십니다. 우리는 그 힘의 존재를 만나야 합니다. 단지 이해만 하고 교리로만 배우고 책으로만 읽어서는 안 됩니다. 바로 그 힘을 만나야 합니다. 직접 체험해야 합니다.

그러면 진실로 깨닫게 됩니다. 세상의 악한 힘인 육신의 정욕, 안목의 정욕, 이생의 자랑이 강한 힘이요 유일한 힘인 줄 알았지만, 사실은 하나님의 사랑으로 시작되고 그리스도의 십자가에서 성취되며 성령의 능력으로 완성되는 힘, 바로 그 힘이 가장 강한 힘이요 진짜 힘이라는 진리를 말입니다. 동시에 바로 그 힘을 만나는 순간, 지금까지 세상을 지배해 왔고 우리를 아프게 했던 그 힘은 가짜 힘이라는 것을 알게 됩니다.

저녁 식사를 마치고 집에 있는 작은 기타를 꺼냈습니다. 가족들을 모두 불러 모아서 함께 찬양을 했습니다. 주님을 높이는 찬양과 보혈의 찬양을 했습니다. 그리고 찬양을 마무리하는 시간에 이르러 한 사람씩 하루를 돌아보며 주님께 기도했습니다. 마침내 우리 아들이 기도하는 순서가 되었습니다.

건이는 침착하게 하루를 주신 것을 감사하고, 아울러 저녁 시간에 함께 찬양하며 기도하게 된 것을 감사했습니다. 그리고 놀랍게도 자신에게 상처를 준 그 형들을 주님이 용서해 주시길 기도했습니다. 우리 안에 역사하시는 놀라운 '진짜 힘'이 세상의 거짓되고 하찮은 '가짜 힘'을 이기는 순간이었습니다! 밤이 늦은 시간이었지만 빛이 우리 가정에 환하게 들어왔고, 설거지를 하는 아내와 집을 치우는 우리 가족 모두에게 새로운 기쁨이 넘쳤습니다.

혹시라도 지금 세상이 주는 아픔과 외로움과 상처와 질병, 그리고 고통의 거짓된 힘이 당신을 누르고 있다면, 하나님의 말씀과 찬양, 예배와 기도, 그리고 선포와 중보를 통해 오늘도 살아 역사하는 진짜 힘을 만나기를 간절히 기도합니다.

거짓된 힘의 사냥감이 되지 말고 진짜 힘의 승리자가 되십시오. 혼돈 속에서 창조가 된 힘, 거짓 속에서 진실이 된 힘, 포로가 된 상황에서 해방이 된 힘, 죄악 속에서 속죄가 된 힘, 사망 속에서 생명이 된 힘은 오늘도 역사하고 있습니다. 진짜 힘을 만나기 바랍니다!

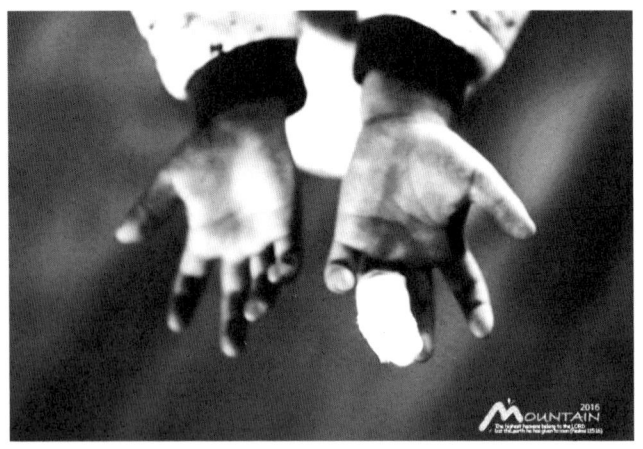

악한 힘을 넉넉히 이기고도 남는 위대한 힘이 태초부터 우리와 함께 계셨고,
우리에게 오셨으며, 그리고 이제 우리와 영원히 함께하십니다.
우리는 그 힘의 존재를 만나야 합니다.

* 흔적

늦둥이 다연이가 8개월을 지나면서 다연이 아빠, 엄마 그리고 언니, 오빠의 얼굴과 목에는 크고 작은 상처들이 생겼습니다. 우리 가족이 무슨 자해 공갈단이라서 그런 것은 아닙니다. 다들 다연이를 안아 주고 함께 놀아 주다 보니, 다연이 손톱에 할퀴고 쓸려서 생긴 상처들입니다.

며칠 전에는 건이가 아끼는 장난감이 다연이의 침으로 범벅이 되기도 했고, 다소가 아끼는 책을 다연이가 찢어 놓기도 했습니다. 급기야 어제는 다연이의 기저귀를 잠시 벗겨 놓은 사이에 도서관에서 빌려 온 책에 오줌을 누는 대형 참사도 있었습니다. 하지만 우리 가족은 모두 큰 거울 앞에 서서 자기 얼굴에 난 상처를 바라보며 속상해 하거나 마음 아파하지 않습니다. 오히려 그것은 우리 가족이 서로를 섬기며 사랑한 증거요 흔적이기 때문입니다.

바울은 문제가 많은 갈라디아 교회에 보낼 편지를 마무리하면서 자기 몸에 예수의 흔적을 가졌다고 담대히 말합니다(갈 6:17). 바울이 가진 흔적은 무엇이었을까요? 아마도 한평생 복음을 전하러 다니면서 당한 고문과 고생의 흔적이 아니었을까요?

누구나 몸을 가지고 있으니 알겠지만, 몸에 생긴 흉터와 같은 흔적이 작은 시련이나 일시적인 고생으로 인해 남는 것이 아님을 잘 알 것입니다. 자연 치유의 상태를 초월하는 깊은 상처나 반복되는 삶의 무게가 쌓이면서 흉터가 되고 흔적이 되는 것입니다.

중요한 것은, 우리가 그리스도를 믿으면서 생긴 흔적이 있는가 하는 것입니다. 물론 신앙생활을 꼭 흔적이 남게 해야 하는 것은 아닙니다. 우리는 몸을 아끼며 지혜롭게 살아야 합니다. 자신이 고생한 흔적을 다른 사람에게 보여 주어야 귀한 신앙은 아닙니다. 하지만 우리가 주님을 깊고 진지하게 따라가다 보면 어쩔 수 없이 생기는 흔적들이 있습니다.

저도 신학교를 가기 전에는 시력이 2.0이라서 눈 하나는 누구 하나 안 부러웠는데, 대학교와 대학원 시절에 도서관에서 책을 읽다 보니 어느 날 눈이 핑 돌기 시작했습니다. 지금은 코 위에 안경 자국이 선명히 남을 만큼, 안경과 함께한 시간이 곧 말씀과 함께한 시간임을 알고 있습니다.

그리고 구세군 자선냄비를 돕기 위해 기타를 배우기 시작하여 한겨울 내내 추운 거리에서 기타를 치며 보냈습니다. 요즈음도 반주자 하나 없는 금요예배에서 홀로 기타를 치며 몇 시간씩 기도회를 인도하다 보면, 금요일과 토요일, 어떤 때는 주일까지도 왼손으로 머리 감기가 힘들 때가 있습니다.

하루도 쉬지 않고 가르치고 전하고 상담하고 설교하고 소리 질러 기도하다 보니, 목은 항상 쉬어 있고 아픕니다. 한여름에도 밤이면 목이 너무 아파서 목도리를 두르고 자야 할 정도입니다. 하지만 제 눈을 위한다고 말씀 연구하기를 멈출 수 없고, 제 손을 위한다고 기타 반주를 쉴 수 없으며, 제 목을 위한다고 말씀을 전하고 기도하는 것을 그만둘 수 없습니다.

10년간 자동차 정비를 했다는데, 손이 새하얀 사람을 만나 본 적이 있나요? 여러 해 동안 현으로 된 악기를 연주했다는데, 손에 굳은살이 하나도 없는 사람은 어떤가요? 마찬가지로 예수님을 한평생 믿었다는데, 신앙의 흔적이 없다면 그 사람은 도대체 어떤 신앙생활을 한 것일까요?

노래방에서는 열창을 하지만 기도하다가는 목 한번 쉰 적이 없고, 성경을 얼마나 가볍게 읽었는지 성경책에 눈물 자국 하나 떨어진 흔적이 없고, 얼마나 편하게 신앙생활을 했는지 복음을 전하다가 마음이 상한 경험이나 주님을 위해 고난당한 체험이 없다면 그 사람을 그리스도인이라 불러야 할까요? 그리스도인이라면 자기를 부인하고 자기 십자가를 지고 그리스도를 따라가야 하는 것이 정답일진대, '진짜 그리스도의 사람은 그리스도의 흔적이 있는 사람'이 아닐까요?

청년 시절의 저를 위해 간절히 기도하시던 김병훈 목사님이 기억납니다. 160센티미터 정도 밖에 안 되는 작은 키에, 50킬로그램도 나가지 않은 여린 몸으로 얼마나 간절히 기도하셨는지 모릅니다. 새벽에 교회에서 목사님의 기도를 듣고 있으면 눈물이 났습니다. 그 당시 목사님의 설교에는 특별한 지적 감동도 없었고 청년부에 주목할 만한 프로그램도 없었지만 목사님은 하루의 대부분을 기도하며 보내셨습니다.

목사님이 얼마나 오랫동안 무릎을 꿇고 기도하셨는지 발등 피부가 터지고 그 터진 상처가 아물면서 혹이 생겼는데, 그 혹을 제거하는 수술을 두 번이나 하실 정도였습니다. 하지만 목사님은 기도 방식을 바꾸지 않으셨고, 언제나 그 작은 몸으로 무릎을 세워 아주 간절히 기도하셨습니다.

사치와 탐욕과 성공을 위해 달려가는 한국교회는 두 손목에 못 자국과 허리에 창 자국이 있는 예수님을 만나는 그날, 어떤 흔적으로 그분 앞에 설 수 있을까요? 주님이 "내 손목에 못 자국을 만져 보라" 하시고 "허리에 난 창 자국에 손을 넣어 보라" 하실 때 말입니다.

* 세상에서 가장 힘든 일

아버지, 어머니 그리고 오빠, 언니와 함께 저녁을 먹던 늦둥이 막내가 유치원에서 있었던 재미있는 이야기를 이것저것 하다가 갑자기 한 가지 질문을 던졌다고 합니다. "세상에서 가장 힘든 일이 뭔지 말해 봐요!" 아버지가 "세상에서 제일 힘든 일은 가족을 먹여 살리는 일"이라고 말하자, 어머니는 "아이고, 애들 돌보고 집안일 하는 것만큼 세상에서 힘든 일이 없어요"라고 맞장구를 쳤습니다.

최근에 군대를 제대한 오빠는 "군 생활하는 것이 세상에서 가장 힘들었다"고 말했습니다. 그러자 이제 막 중학교에 들어간 언니는 "학교 다니면서 공부하는 것이 가장 힘들다"고 마무리를 했습니다. 그러자 막내가 머리카락이 하나도 없는 인형을 가져와서 소리쳤습니다.

"다 틀렸어요! 세상에서 가장 힘든 일은 대머리에 머리핀을 꽂는 거예요!"

당신이 생각하는 가장 힘든 일은 무엇입니까? 대부분 자신이 하고 있는 일을 가장 힘든 일로 여기는 것 같습니다. 이 말은 누구나 어려운 일을 하면서 살고 있다는 것입니다. 살아가는 것 자체가 어려움의 연속입니다. 누군가는 놀고먹기만 하면 하나도 힘들지 않을 거라고 생각하겠지만, 막상 놀고먹는 사람들도 힘들다고 합니다.

그러므로 어차피 모두 다 힘든 인생을 산다면, "무엇으로 힘든가?"가 중요합니다. 다시 말해서, 우리는 가치 있는 힘든 일을 하고 있는지 아니면 무가치한 힘든 일을 하고 있는지 물어봐야 합니다.

어떤 사람은 하루 종일 누군가를 구하고 도와주면서 땀을 흘립니다. 그러나 누군가를 괴롭히고 고통을 주면서 땀을 흘리는 사람도 있습니다. 어떤 사람은 밤새도록 글을 쓰지만 또 어떤 사람은 밤새도록 게임이나 도박을 합니다. 다음 날 아침에 그 두 사람을 만나면 똑같이 "힘들다"고 말할 것입니다. 신앙생활도 마찬가지입니다. 신앙생활은 절대 쉽지 않습니다. 힘이 듭니다. 그런데 어떤 사람은 무의미하게 힘든 신앙생활을 합니다. 그러나 어떤 사람은 가치 있고 의미 있는 고난을 감당하며 신앙생활을 합니다.

그렇다면 무엇이 가치 있는 어려움이고, 무엇이 가치 없는 어려움일까요? 그 기준은 무엇일까요? 딱 한 가지 기준을 말하고 싶습니다. 우리가 겪는 어려움으로 인해 점차 예수 그리스도의 성품과 능력을 닮아 간다면 귀하고 가치 있는 어려움이며, 아무리 많은 고난과 시련을 통과한다고 해도 예수님의 성품과 능력을 전혀 닮아 가지 못한다면 무가치한 어려움이라고 말하고 싶습니다. 그런데 그런 성도들이 너무 많습니다. 수년을 지켜보았지만 전혀 주님을 닮아 가지 못하고 있습니다. 자신만 힘든 것이 아니라 남까지 힘들게 만듭니다. 그런 사람들은 늘 힘들다고 말하지만 결국은 광야생활 40년간 원망하고 불평하면서 하나님과 모세를 힘들게 했던 이스라엘 백성들과 다를 바가 없습니다.

당신의 삶이 진정으로 주님 앞에 변화되기를 원한다면 "당신의 존재가 예수님의 성품과 능력으로 변화될 가장 어려운 일에 결단하고 순종하라"고 말씀드리고 싶습니다. 대다수 사람들은 진짜 어려운 일은 하지 않습니다. 자신의 혈기를 죽이고 부드럽게 말하며 다른 사람을 사랑해야 하는데, 다른 일은 다 하면서도 그 일은 절대 하지 않습니다.

전도해서 한 영혼을 주님께 데려오고 제자 삼아야 하는데 그 일은 절대 하지 않고, 자신이 편한 봉사 하나만 하면서 예수님을 믿으며 자신이 해야 할 일을 다하고 있는 양 착각합니다. 매주 주님이 말씀하시는 그 감동을 삶으로 옮겨야 하는데, 남에게 지적질만 하면서 자신은 전혀 그렇게 살지 않습니다. 다시 한번 말하지만, 이것은 적당히 힘든 일만 할 뿐 정말 힘든 일은 하지 않는 것입니다. 그래서 근본적인 변화가 일어나지 않는 것입니다.

제가 확신하는 것은 '우리가 육적으로 하기 싫은 가장 힘든 그 일이, 영적으로 가장 중요한 일'이라는 것입니다. 그리고 그 일은 삼위일체 하나님이 가장 원하시는 일일 것입니다.

누구든지 나를 따라오려거든 자기를 부인하고 자기 십자가를 지고 나를 따를 것이니라. 누구든지 자기 목숨을 구원하고자 하면 잃을 것이요 누구든지 나와 복음을 위하여 자기 목숨을 잃으면 구원하리라(막 8:34-35).

오늘 당신을 가장 힘들게 하는 사람을 위해 그리스도의 사랑으로 기도하고 꼭 안아 주면 어떨까요? 세상에서 가장 힘든 일을 하신 우리 주님이, 우리가 가장 힘든 일을 할 때 함께하실 것입니다.

* 고난은 이제 무엇이 될까

작은 상가 교회의 담임목사로서 이따금 하루 종일 교회에 있다 보면, 참 다양한 사람들이 찾아와서 삶을 토로하며 도움과 기도를 요청합니다. 신기한 것은, 그들 중 대다수가 어떤 즐거움이나 기쁨의 이유를 가지고 교회를 찾아오지 않는다는 것입니다. 좋은 일이 생겼다고 행복한 일이 생겼다고 담임목사에게 전화를 하거나 이 작은 교회의 문을 두드리는 사람은 단 한 명도 없습니다.

그들은 모두 하나같이 자신들이 가진 아픔과 고통과 시련이라는 어두운 바탕색의 스케치북을 가지고 와서 보여 주며,

제가 그 위에 조금이라도 밝고 도움이 될 만한 그림과 이야기를 언어로든 물질로든 그려 주기를 소망합니다.

한 사람은 너무 가난하고 힘드니까 돈을 달라고 합니다. 그가 가진 가난은 철저하게 누군가의 도움을 받아야 할 이유가 될 뿐입니다. 또 한 사람은 관계가 너무 어렵다며 기도를 부탁합니다. 그가 가진 고통의 연결고리들은 하나같이 반드시 치료하여 사라져야 할 암 덩어리로만 여겨집니다.

그러나 잠시 눈을 감고 생각해 봅시다. 각자 살아온 인생에서 없었으면 좋았겠다고 생각하는 고난과 시련이 없었다면 지금보다 더 나은 사람이 되었을까요? 물론 그럴 사람도 몇몇은 있을 것입니다. 그러나 실제로는 그런 아픔과 고통이 있었기 때문에 우리가 더 겸손하고 진지한 사람이 되었을 것입니다.

물론 의도적으로 죄를 짓거나 악을 행하여 당하는 고난을 말하는 것은 아닙니다. 그런 것은 철저히 회개하고 고쳐야 합니다. 우리 인생에는 자신의 의지나 결정과는 무관하게 벌어지는 부모의 학대나 학교에서의 왕따, 태생적인 육체의 질병, 그리고 영적인 어두운 밤이 있습니다.

제가 하고 싶은 이야기는 바로 그런 전혀 의도하지 않은, 이렇게 말하면 마음이 아프겠지만, '하나님이 허락하신' 그 고난과 시련을 '저주'가 아니라 '선물'로 생각해 보라는 것입니다. 430년간의 노예생활을 마치고 감격적인 해방을 경험한 이스라엘 백성을 기다린 것은 거대한 홍해였습니다. 그들은 망연자실했지만 실제로 홍해는 하나님이 그들을 구원하시는 역사적 체험의 결정타였습니다. 나중에 바울은 그것을 영적 세례로 해석했습니다.

이스라엘 군대 앞에 나타난 골리앗도 난공불락의 장애물처럼 여겨졌지만 우리는 그것이 다윗이라는 위대한 하나님의 사람을 만나는 통로였음을 보게 됩니다. 사도행전 16장을 보면, 빌립보에서 복음을 전하던 바울과 실라가 억울하게 지하감옥에 갇혔으나 그 상황은 하나님이 예비하신 한 간수장의 가정을 구원하는 기회였습니다.

결국 자신이 살아온 인생에서 없었으면 좋았겠다고 생각하는 고난과 시련이 있었기에 진정 오늘의 내가 되었다는 것을 이제는 감사함으로 받아들이고, 그것이 지향하는 하나님의 목적과 결과를 새로운 영적 시각으로 바라보아야 합니다.

오늘도 바쁜 일정 가운데서 다섯 사람과 상담을 했습니다. 참으로 신기한 것은, 그 다섯 사람의 삶 속에 밀어닥친 시련과 고난이 이미 저의 짧은 인생에서 할퀴고 지나간 과거였다는 것입니다. 그래서 그들에게 공감할 수 있었고 대답해 줄 수 있었습니다.

정말 중요한 것은, 어떤 고난과 시련을 겪었느냐가 아니라 그것이 지금 무엇이 되어 있느냐 하는 것입니다. 결국 그것이 내 인생을 의미 있게 하고, 더 나아가 나와 같은 시련과 고통을 겪는 사람들을 그리스도에게로 이끌 수 있는 능력으로 소화되었느냐 하는 것입니다. 제가 한 가지 단언할 수 있는 것은, 우리가 복음 안에 펼쳐진 바른 길을 걸어가면서 당하는 모든 시련과 아픔은 한결같이 하나의 목적을 가지고 있다는 사실입니다. 그것은 바로 우리가 그 과정을 통해 그리스도를 더 온전히 닮아 가게 된다는 것입니다.

그래서 저는 하나님이 허락하신 시련을 피하는 성도들이 가장 마음 아프고 안타깝습니다. 신학생이 되었지만 어려운 과목은 다 피해서 듣고, 목사가 되었지만 말씀을 연구하지 않고 다른 사람의 설교를 베끼며 여기저기를 기웃거리기만 하고,

성도가 되었지만 기도의 무릎과 전도의 수치와 훈련의 연단을 피하는 사람들이 가장 불쌍합니다. 그들은 지금 십자가를 피하고 있는 것입니다. 그래서 부활 생명도 없는 것입니다. 지금 당신은 어떤 고난을 당하고 있습니까? 그리고 그 고난은 이제 무엇이 되겠습니까?

이 글을 쓰는 내내 하나님이 떠올려 주신 두 구절을 나누며, 이제 당신의 고난을 감당하라고 감히 도전합니다.

> 다만 이뿐 아니라 우리가 환난 중에도 즐거워하나니 이는 환난은 인내를, 인내는 연단을(존재의 변화를), 연단은 소망을 이루는 줄 앎이로다(롬 5:3-4).

> 그가 아들이시면서도 받으신 고난으로 순종함을 배워서 온전하게 되셨은즉 자기에게 순종하는 모든 자에게 영원한 구원의 근원이 되시고(히 5:8-9).

* 갑작스러운 방해를 만났을 때

교회를 개척하고 나서 3년이 지나가던 어느 여름날이었습니다. 어떤 사람이 교회에 들어오더니 자기 이야기를 좀 해도 되겠느냐고 물었습니다. 사실 그런 방문이 반갑지 않았습니다. 게다가 주일 설교 준비가 너무 잘 되고 있었습니다. 한두 시간만 더 바짝 하면 설교를 마무리하고 집으로 갈 수 있을 것 같았습니다.

그런데 그 사람이 약속한 '잠깐'은 잠깐이 아니었습니다. 제가 설교 준비를 충분히 다 마칠 수 있는 시간 전부를 빼앗고 말았습니다. 그 사람이 하는 말을 놓치지 않으려고 세 시간이나 신경을 쓰며 듣다 보니 눈도 아프고 허리도 아팠습니다. 목사라는 사람이 원래 말을 하는 사람이지, 말을 듣는 사람이 아닌데 말입니다. 설교 준비의 흐름은 깨졌고, 저는 이 한 사람 때문에 오늘을 방해받았습니다.

저녁 무렵이 다 되어서야 그 사람은 자신의 말을 마무리했습니다. 그리고 들어 줘서 고맙다며 작은 봉투를 하나 두고 갔습니다. 솔직히 세 시간 동안 조금 짜증이 났습니다. 오늘 정해 놓은 계획과 일정에 이 사람이 갑자기 들어와 방해를 했고, 결국 오늘 하려고 한 일을 다 못했기 때문입니다.

저녁 늦은 시간에 집으로 가서 못 마친 설교 준비를 다시 하면서 그 사람이 한 몇 가지 말들이 설교를 마무리하는 데 꼭 필요했다는 사실을 알게 되어 깜짝 놀랐습니다. 그리고 그 사람이 두고 간 얇은 봉투를 열었을 때 더 놀랐습니다. 봉투가 얇아서 큰 기대를 하지 않았는데, 백만 원짜리 수표가 들어 있었습니다. 교회를 개척하고 나서 처음으로 본 백만 원짜리 수표였습니다. 그 돈은 그 달 우리 교회의 부족한 월세와 밀린 공과금을 낼 수 있는 금액이었습니다.

사람들은 누구나 자신이 익숙하게 살아가는 삶의 방식을

방해받는 것을 원치 않습니다. 보통 일어나는 시간에 일어나고, 자주 가는 길로만 다니고, 자주 만나는 사람만 만납니다. 음식점도 한 번 갔던 곳으로 가고, 물건도 이미 잘 알려진 것을 삽니다. 그것이 우리 삶에 안정감을 주기 때문입니다.

그런데 어느 날 그런 삶의 방식을 방해하는 사건이 일어납니다. 알람이 울리지 않아서 늦잠을 자기도 하고, 단골 식당이 문을 닫아서 다른 식당을 찾아야 하기도 합니다. 오랫동안 마음이 잘 맞았던 사람이 갑자기 떠나게 되어 점심을 같이 먹을 새로운 단짝을 찾아야 하기도 합니다. 솔직히 그런 갑작스런 변화는 우리의 삶을 방해합니다. 그 방해는 우리에게 불안함을 주고, 어떻게 보면 시간과 에너지를 낭비하게 만듭니다.

하지만 바로 그런 갑작스러운 방해들이 오히려 우리의 삶을 더 크게 하고 윤택하게 한다는 사실을 알아야 합니다. 한 번도 실수가 없었던 사람이 자신의 실수를 통해 '다른 사람도 실수할 수 있다는 아량'을 배우게 되고, 늘 익숙했던 음식, 장소, 사람과 헤어지면서 다른 음식, 장소, 사람과 만나며 '삶의 영역이 확대'되기 때문입니다.

신앙생활도 마찬가지입니다. 대다수는 교회에 가는 시간,

앉는 자리, 그리고 자신이 해야 할 신앙의 마지노선이 정해져 있습니다. 그런데 어느 날 이런 신앙 방식을 방해하는 일이 일어납니다. 몸이 심하게 아프기도 하고, 개인 기도 시간에 누군가의 전화를 받기도 하고, 스스로 최선을 다한 일에 누군가의 호된 질책이나 비평을 듣기도 합니다. 무엇보다 주일 설교에서 내가 듣고 싶었던 메시지가 아니라 내가 듣기 싫은 메시지를 듣기도 하고, 영원히 함께하고 싶었던 신앙의 리더나 교회와 헤어지기도 합니다.

하지만 그때 하나님의 더 큰 그림을 보아야 합니다. 내가 원하는 대로 되지 않을 때, 어쩌면 그때가 정말 주님이 원하시는 대로 되고 있는 때인지도 모르기 때문입니다. 순풍에 돛을 달고 항해하는 내 인생에 오히려 돌풍이 불어서 더 빨리 목적지에 도착할 수도 있습니다.

오늘은 교회에서 조용히 기도하고 말씀을 읽어야지 하고 생각한 날인데, 누군가 찾아와 자기 삶을 하소연하기도 합니다. 최선을 다해 설교를 전했는데 부정적인 평가를 받기도 합니다. 눈물로 기도하며 가진 것을 모두 다 드려서 섬겼는데 오해와 비방을 하고 교회를 떠나는 성도도 있습니다. 하지만 그 방해를 통해 하나님의 손길을 보게 됩니다. 그 방해가 아니었다면 가지 않았을 새로운 길로 가게 되고, 그 방해가 아니었다면 볼 수 없었던 것을 보게 되고, 그 방해가 아니었다면 멈추어 서지 않았을 곳에서 멈추게 됩니다. 그 방해 덕분에 머리로만 알았던 영적 진리가 마음과 심장을 찢으면서 제 존재를 크게 하는 성장통으로 역사하게 됩니다.

사람들을 섬기고 사랑하며 먹을 것을 나누고 제자들의 발을 씻겨 주던 주님이 어느 날 밤, 갑작스럽게 붙잡혀 가서 채찍에 맞고 비참한 죽음을 맞으셨습니다. 예수님의 사역도 제자들의 기대도 방해를 받은 것입니다. 아니 더 정확하게 말하면, 완전히 망하고 말았습니다. 최소한 그들에게는 그렇게 보였을 것입니다. 하지만 그 일로 인해 우리는 나음을 입고 평안을 얻었습니다(사 53장).

지금도 주님은 '방해'라는 이름으로 우리를 찾아오시고, '방해'라는 방식으로 세상을 구원하고 계십니다. 그러므로 방해처럼 보이는 길이 사실은 지름길입니다. 유일한 생명의 길은 오직 십자가의 길에서 완성되었고, 부활절은 고난주간의 그 누구도 예상치 못한 길의 목적지가 되었습니다.

혹시 지금 그 무엇 때문에, 그 누구 때문에, 그 어떤 사건 때문에 방해받고 있다면 감사하기 바랍니다. 엠마오 마을로 내려가는 우리에게 주님이 찾아오신 것이니까요! 더 이상 피하지 말고, 이제 그 방해를 만나십시오!

* 그리스도인이 된다는 것

안양 8동 산동네에 침대를 옮겨 놓던 기억이 납니다. 매우 가난한 상황에서 신혼생활을 시작했지만 아내가 꼭 갖고 싶어 한 물건이었습니다. 아내는 신혼여행은 못 가도 상관없지만 침대는 꼭 갖고 싶다고 했습니다. 결혼이라는 것이 저 혼자의 상황과 형편만을 주장하는 것이 아니라 상대방을 배려하는 것이라는 생각으로 저렴하지만 예쁜 침대를 하나 장만했습니다. 혼자 살아가다가 이제 남편으로 산다는 건, 저보다 약한 그릇인 아내를 사랑하고 배려하는 것이기 때문입니다.

그런데 첫째 딸아이가 태어나자 상황이 달라졌습니다. 어느 날인가, 우리의 소중한 아이가 침대에서 한 번 떨어지자 우리 부부는 조금도 주저하지 않고 그 침대를 버렸습니다. 우리가 부모였기 때문입니다. 부모가 된다는 것은 아무리 좋아하고 마음에 드는 물건이라도 자녀를 위해 포기하는 사람이 되는 것입니다. 이후에 저는 전도사 시절을 지나 한 교회를 담임하는 목사가 되었고 세 아이의 아버지가 되면서 그 자격에 합당한 핵심적인 가치를 발견하고 살아 내고자 몸부림쳐 왔습니다. 우리가 어떤 위치와 존재가 되는 것에는 언제나 핵심적인 의미가 있기 때문입니다.

그러면 그리스도인이 된다는 것의 핵심적인 의미는 무엇일까 생각해 봅니다. 이제 죽으면 천국에 갈 수 있다는 안도감일까요? 하늘의 축복을 받게 되는 특권일까요? 아니면, 교회 공동체의 한 구성원이 되어 생활하는 것일까요? 물론 그런 것들도 나름대로 의미가 있습니다. 또한 교단과 각자의 교리에 따라서 다양한 신학적 노선이나 성경 해석을 주장할 수도 있습니다. 그러나 가장 중요한 것을 잊어서는 안 됩니다. 그것은 바로 '하나님이 우리 인생의 주인이 되신다'는 것입니다.

구약성경에서 하나님은 다양한 이름으로 불리지만, 유대인들은 그분의 거룩한 이름을 언제나 '아도나이'라고 불렀습니다. 이 말은 히브리어로 '나의 주인님'이라는 뜻입니다. 신약시대 성도들은 예배 시간뿐만 아니라 일상에서 예수님을 '퀴리오스'라고 불렀습니다. 이 말 역시 헬라어로 '주인님'이라는 뜻입니다. 다시 말해서, 그리스도인이 된다는 것은 하나님을 인생의 주인으로 모신다는 의미입니다.

어쩌면 몇몇 사람들에게는 이 말이 우리의 자유를 박탈하고 구속하는 것으로 여겨져 불쾌하게 들릴 수도 있습니다. 하지만 그렇지 않습니다. 우리의 주인은 이 세상의 독재자나 악랄한 조폭 두목 같은 분이 아니시기 때문입니다. 그분은 우리를 창조하신 분으로 우리를 사랑하시며 우리를 위해 가장 선한 구원을 이루어 가시는 하나님이십니다. 그러므로 그리스도인이 된다는 것은 이제부터 우리의 모든 시간과 물질과 계획이 주님의 것이며, 주님이 원하시는 방향으로 우리가 순종하는 것을 의미합니다. 우리의 모든 것은 이 핵심적인 진리에서 도출되고 발전되며 해석되고 적용되어야 합니다.

문제는, 그리스도인이 되었다고 고백하면서도 그분을 주인이 아니라 노예로 여기며 만나고 있다는 것입니다. 내가 원하는 곳으로 가고, 내가 원하는 것을 얻고, 내가 원하는 미래를 열기 위해 하나님을 이용합니다. 하나님이 주인이 되시는 것이 아니라 내가 주인이 되어 그분을 부려 먹으려고 합니다. 만약 그렇다면 그리스도인으로 사는 것이 아닙니다. 말씀을 읽어도 지식이 될 뿐이고, 기도를 해도 주문이 될 뿐입니다. 봉사를 해도 자기 과시가 될 뿐이고, 전도를 해도 그저 전단지를 뿌리는 일이 되고 맙니다.

어떤 존재의 핵심적인 본질에 대해 한번 생각해 볼까요? 의사가 된 사람은 병을 고치는 것이고, 법관이 된 사람은 정의를 추구하는 것이며, 요리사가 된 사람은 건강하고 맛있는 음식을 만드는 것입니다. 그렇다면 그리스도인이 된다는 것은 오직 하나님이 인생의 주인이심을 고백하고 그것을 삶으로 증명하며 사는 것입니다. 바로 이 핵심적인 기초석 위에 모든 것이 세워져야 합니다.

며칠 전 교회에서 전도하러 나갈 때 사용할 어깨띠를 만들었습니다. 그 띠의 제작을 맡은 전도사님이 띠의 앞면에는 '십자가교회'를 넣었는데, 뒷면에는 무엇을 넣으면 좋을지 물었습니다. 그래서 그리스도인이 되는 것에 가장 핵심적인 내용을 넣어 보라고 했습니다. 며칠 뒤 전도사님이 파란색 어깨띠를 보여 주었습니다. 띠의 뒷면에 한 문장이 선명하게 적혀 있었습니다. "예수님은 우리의 주인이십니다."

저는 마음속으로 말했습니다. '전도사님, 천국이 멀지 않았네요!'

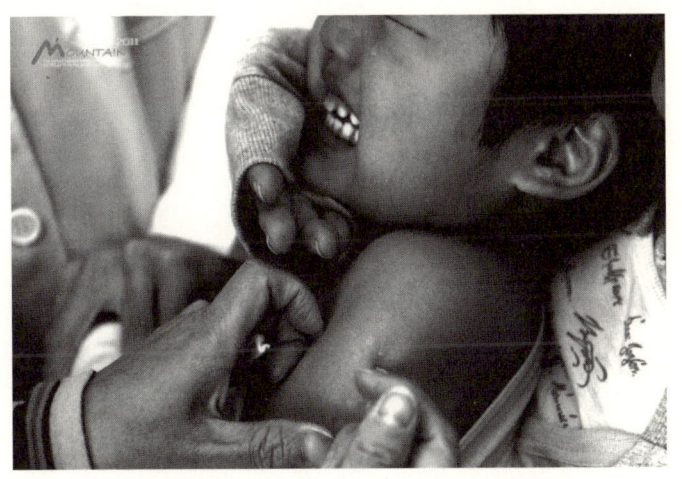

그리스도인이 된다는 것은 오직 하나님이 우리 인생의 주인이심을 고백하고
그것을 삶으로 증명하며 사는 것입니다.

* 예배의 자리

여름이 일주일 정도 남은 목요일 오후였습니다. 뚜벅이 목사인 저는 버스를 타려고 정류장에 서 있었습니다. 그때 반대편 차선에 있는 버스 정류장에 도착한 버스가 탈 사람이 없자 그냥 떠나려 했습니다. 그런데 나와 같은 버스 정류장에 서 있던 한 청년이 급하게 무단횡단을 했습니다. 그 청년은 바람처럼 달려가서 그 버스를 탔습니다. 하지만 달려가다가 허리에 둘렀던 가디건을 땅에 떨어뜨리고 말았습니다. 언뜻 보기에도 비싸고 좋아 보이는 옷이었습니다.

그 청년에게 가디건이 떨어졌다고 큰 소리로 외쳤지만 아무 반응이 없었습니다. 자세히 보니, 그 청년은 귀에 이어폰을 꽂고 있었습니다. 저는 그 청년처럼 차가 달리는 도로를 횡단해서 그 가디건을 주워 줄 시간적 여유가 없었습니다. 반대편 차선에서 급하게 그 청년을 태운 버스는 바람처럼 달렸고, 차도 한복판에 남겨진 하얀색 가디건은 오가는 차들의 검은 바퀴 아래에서 순식간에 걸레처럼 짓이겨졌습니다.

그 순간 주님이 에베소 교회에 하신 말씀이 생각났습니다. "그러나 너를 책망할 것이 있나니 너의 처음 사랑을 버렸느니라. 그러므로 어디서 떨어졌는지를 생각하고 회개하여 처음 행위를 가지라"(계 2:4-5). 혹시 지금 무언가를 떨어뜨리며 잃어버리고 있지는 않나요? 그것이 정말 소중한 것은 아닌가요?

모두가 참으로 열심히 삽니다. 남들보다 더 빨리 달리기 위해 이따금 불법을 행하면서 말입니다. 하지만 그러면서 무언가를 잃어버리고 있지는 않은지 생각해 봐야 합니다. 저는 한 사람의 목사로서, 우리가 잃어버리는 많은 소중한 것들 중에 '예배'가 있음을 가슴 아프게 생각합니다. 수요예배나 금요예배가 없어진 교회가 너무 많습니다. 교회마다 사람들이 오지 않기 때문입니다. 회사가 너무 늦게 끝나서 그렇기도 하고, 일을 마치고 만나야 할 사람도 많고, 가야 할 곳도 많기 때문입니다.

한 주를 시작하는 주일예배도 상황은 크게 다르지 않습니다. 주일에도 해야 할 일이 너무 많습니다. 회사에 나가야 하고, 연애를 해야 하고, 시험을 치르러 가야 합니다. 심지어 교회 집사나 장로로서 자기 마음대로 할 수 있는 개인 사업장을 운영하면서도 주일에 문을 여느라 예배드릴 시간이 없는 사람도 많습니다.

정말 시간이 없어서일까요? 솔직히 우리의 시간을 살펴보면, 영화나 텔레비전을 보는 시간, 핸드폰으로 오락을 하는 시간, 좋아하는 사람을 만나는 시간, 놀러 다닐 시간은 충분히 있습니다. 다만 예배드릴 시간이 없을 뿐입니다. 예배가 무엇인지 지식적으로 몰라서 그런 것이 아닙니다. 예배가 자신에게 실제로 중요하지 않기 때문입니다. 만약 돈을 받아야 할 모임이 있다면, 아무리 아파도 가지 않겠습니까? 수혈을 꼭 받아야 하는 상황이라면, 아무리 바빠도 가지 않겠습니까?

우리는 예수님이 길이요 진리요 생명이라고 말하면서도, 길을 찾고 진리를 만나며 생명을 얻는 것에 관심이 없습니다. 교회는 언제부터인가 사람들의 상황과 기분을 맞추느라 예배를 오락으로, 쇼로, 관람으로 변질시켜 버렸습니다. 사람들은 하나님을 예배하는 것이 아니라, 돈과 건강, 명예와 쾌락을 예배하기 시작했습니다. 그마나 억지로 드리는 예배마저 사람들이 원하는 모습으로, 사람들에게 편한 방식으로 변질되고 있습니다. 그래서 언제부터인가 사람이 하나님을 예배하는 것이 아니라, 하나님이 사람을 예배하게 만드는 형국이 되었습니다.

하지만 입장을 바꾸어 생각해 봅시다. 마태복음 22장에 보면, 왕이 잔치를 준비하지만 사람들이 이런저런 핑계를 대며 오지 않습니다. 우리는 자주 이런저런 핑계가 있는 하객의 입장에서 이 본문을 읽지만, 왕의 입장에서 다시금 읽어 보면 좋겠습니다.

그분은 왕이십니다. 아무것도 없던 곳에 세상을 창조하시고 흙이나 다를 바 없던 우리를 존재하게 하셨습니다. 죄를 짓고 거역하는 우리를 찾아오시고 십자가에서 죽으심으로 부활의 생명을 주셨습니다. 바로 그 하나님이 우리의 예배를 받기 원하십니다. 우리와 만나기 원하시고 우리와 교제하기 원하십니다. 우리에게 그분의 진리와 능력을 공급하여 세상에서 승리할 힘을 주기 원하십니다.

그런데 이 만남을, 즉 예배를 거부한다는 것은 무슨 의미일까요? 그것은 목이 말라 죽어 가는 사막의 여행자에게 친절하게 나누어 준 수통을 던져 버리는 것과 같고, 교통사고로 심장이 터져 피가 나는 환자가 새 심장을 받기 거부하는 것과 같습니다.

공중 권세 잡은 자 사탄은 우리에게 많은 것을 허락해 주는 것 같아도, 우리가 하나님을 예배하는 것을 막으며, 먹이를 찾아 울부짖는 맹수처럼 우리를 삼키려 합니다. 저는 정말로 묻고 싶습니다. 예배 없는 삶 그리고 거짓된 예배의 끝에서 우리는 무엇을 만나고 무엇을 얻게 될까요? 그 종착역은 지옥이 아니라고 말할 자신이 있습니까? 지옥에는 분명히 예배가 없습니다!

성경에 나오는 수많은 하나님의 사람들은 모두 예배의 사람이었습니다. 아브라함은 가는 곳마다 제단을 쌓았고, 다니엘은 하루에 세 번 주님께 기도했으며, 다윗은 성전에서의 하루를 세상에서의 천 날보다 귀하게 여겼습니다.

저 역시 예배에 목숨을 걸고 있습니다. 예배를 드리러 갈 때마다 수혈받는 마음으로, 새 심장을 갈아 끼우는 절박함으로 갑니다. 또한 간절함과 그리움과 사모함으로 예배에 참석합니다. 왜냐하면 예배 시간을 통해 주님을 만났고, 치유를 경험했으며, 누군가를 용서할 수 있었고, 새로운 사명을 얻었기 때문입니다. 십자가에서 못 박히신 주님을 예배 시간에 만났고, 지독히도 용서할 수 없었던 제 아버지를 예배의 자리에서 용서했으며, 어디로 가야 할지 몰라 방황하고 있을 때 예배의 자리에서 열린 길과 밝은 빛을 보았기 때문입니다.

모든 사람이 진짜 예배를 만났으면 좋겠습니다. 아무리 멀어도 사랑하는 사람을 만나러 가고, 맛있는 음식을 맛보고 나면 또 가고 싶듯이, 예배를 드리라는 천 마디의 말보다 예배를 직접 드리는 것이 중요합니다. 이 예배는 책을 읽고 공부를 해서 만나는 것이 아닙니다. 예배자가 되어 예배에 참여할 때 만날 수 있습니다. 한 옥타브 내려서 부르는 찬양이 아니라 목청껏 부르는 찬양을 통해, 간절한 기도를 통해, 말씀을 가슴으로 받고 자신을 예배의 제물로 드림을 통해서 말입니다.

몇 년 전의 일이 기억납니다. 주일 아침, 평소보다 일찍 교회에 갔습니다. 말씀을 읽고 기도를 하고 나서, 그날 전할 메시지를 다시 읽어 보고 있었습니다. 그때 남루한 차림의 한 형제가 교회 문을 열고 들어왔습니다. 저는 당연히 물질적인 도움이 필요한 사람이라 생각하고 구제비를 주려고 했습니다. 그런데 그 형제의 말에 저 자신이 부끄러워졌습니다.

"예배가 너무 드리고 싶어 왔습니다."

그 형제는 여러 교회를 찾아갔는데, 어느 곳에서도 예배를 드릴 수 없어서 우리 교회로 왔다고 했습니다. 주일예배가 시작되기 한 시간 전, 십자가교회를 창립한 이래 처음으로 1부 예배를 조촐하게 드렸습니다. 찬송가를 부르고 그날의 메시지를 그 한 사람에게 전했습니다. 그 형제는 온 마음을 다해 찬송을 불렀습니다. 메시지와 기도, 그리고 축도로 예배를 마칠 때 그의 두 눈은 촉촉이 젖어 있었습니다. 그 예배의 자리에 우리 두 사람만 아니라 주님도 함께 계심을 느낄 수 있었습니다.

교회 문을 열고 나가는 그 형제에게 주일 헌금으로 준비한 돈을 주려고 했습니다. 하지만 그는 한사코 돈을 받지 않았습니다. 돈을 받으러 온 것이 아니라고 했습니다. 오히려 그는 자기 주머니에서 구겨진 작은 돈을 꺼내 찬찬히 펴서 헌금함에 넣었습니다.

    그 후로 주일 아침마다 그 형제를 기다렸지만 지금까지 만날 수 없었습니다. 어쩌면 그 형제는 진짜 예배를 찾아다니는 예수님이었는지도 모르겠습니다.

* 죄를 분명히 만나다

우리 집 앞에는 지하철역으로 가려면 반드시 건너야 하는 작은 횡단보도가 있습니다. 2차선으로 된 작은 도로이기에 자동차나 사람이 그리 많이 다니지는 않지만, 분명히 횡단보도가 있고 신호등이 켜져 있습니다. 문제는 거기에 횡단보도가 있다는 것이 아니라, 그 횡단보도가 무시당하고 있다는 것입니다. 사람들은 그 횡단보도를 지나칠 뿐 만나지는 않습니다.

잠시만 그 자리에 서 있으면 알게 됩니다. 사람들이 얼마나 그 횡단보도의 신호를 무시하는지 말입니다. 나이 어린 유치원 아이들을 제외하고는 모두 다 무단 횡단을 밥 먹듯이 합니다. 사람만 그런 것이 아니라, 자동차도 마찬가지입니다. 이따금 혼자 서 있는 제가 죄인인 듯 느껴집니다.

사람들은 세월호 사건을 애통해하며, 선장과 선주가 규정과 원칙을 지키지 않은 것에 대해 악하고 독한 말을 쏟아 냅니다. 대통령을 욕하고 구조 원칙을 지키지 않은 해경과 조직을 비난합니다. 그런데 그 비난에는 한결같이 "나는 그렇지 않은데, 저 놈들은 죄인이다"라는 검은 그림자가 깔려 있습니다.

그런 우리를 보면, 현장에서 간음하다 걸린 여인을 주님 앞에 데려다 놓고 커다란 돌멩이를 들고 있는 군중의 모습이 상상됩니다. "너희 중에 죄 없는 자가 먼저 돌로 쳐라"고 주님이 말씀하시겠지만, 아마 지금은 상황이 바뀌어 돌을 던질 사람도 많을 것입니다. 왜냐하면 우리가 죄를 만나고 있지 않기 때문입니다.

그러면 죄란 무엇일까요? 죄란 단순히 무언가를 잘못하는 것을 말하는 것일까요? 누군가 농담으로 한 말처럼, 죄란 '걸리지만 않으면 죄가 되지 않는' 것이 되고 있는지도 모르겠습니다. 하지만 저는 이 순간 분명히 말해야겠습니다. 죄는 조금 잘못된 것 정도가 아니라 '죽음'이라고 말입니다! 아담과 하와가 죄를 지은 그 순간부터 우리는 죽음의 운명을 맞이하게 되었습니다. 죄는 인생의 작은 실수나 불편이 아니라, 죽음입니다. 죄를 지은 사람은 죽습니다. 성경은 분명히 말합니다. "죄의 삯은 사망"이라고 말입니다!(롬 6:23)

죄를 지으면 죽는 것이 당연합니다. 죄 자체가 죽음이기 때문입니다. 그런데 이 죄는 나만 죽이는 것이 아닙니다. 아간이 죄를 지어 이스라엘 전체에 영향을 미쳤듯이, 죄는 나만 죽이는 것이 아니라 나의 가족과 나의 공동체 전체를 파괴합니다. 그런데 우리는 죄에 너무 둔감합니다. 죄를 지으면 죽는다는 사실을 우리 모두가 알아야 합니다. 우리는 죄를 지어서는 안 되는 존재입니다.

전도사 시절부터 내내 생각한 것이 있습니다. '왜 예수 그리스도, 곧 하나님의 아들이 굳이 이 땅에 와서 사람의 몸이라는 답답한 한계를 가지고 고통스러운 십자가를 져야 했을까?' 하는 것입니다. 온 세상을 창조하는 엄청난 일도 말씀 하나로 이룬 '전지전능하신 분'이 아니십니까? 그런데 왜 우리 인간의 몸을 입고 그 고생을 하셨을까요?

나름대로 저는 죄라는 것이 그렇게 강한 것임을 보게 됩니다. 문자 메시지 하나로 해결할 문제가 있고, 전화를 해야 할 문제가 있고, 직접 만나야 할 문제가 있다면, 죽어야만 가능한 문제가 있습니다. 죄는 그렇게 대단한 문제입니다. 생명으로 지음받은 우리를 죽음으로 변질시킨 장본인이 바로 죄이기 때문입니다.

우리는 죄를 진지하게 대해야 합니다. 그렇지 않으면, 또 한 번 아담과 하와가 되고, 또 한 번 바벨탑을 쌓는 사람이 되고, 또 한 번 세월호와 같은 비극이 일어나는 정도로 끝나는 것이 아니라 영원한 죽음을 맞아야 하기 때문입니다.

그러면 가장 큰 죄는 무엇일까요? 살인, 도둑질, 거짓말, 강간일까요? 아니요. 그렇지 않습니다. 가장 큰 죄는 '그 죄를 해결해 주시는 삼위일체 하나님을 믿지 않는 것'입니다. 우리는 죄를 지어서 죄인이 된 것이 아니라, 이미 죄인으로 태어나서 죄를 지을 수밖에 없는 존재입니다. 그런데 그런 죄, 즉 죽을 수밖에 없는 죄를 지은 존재가 유일한 생명이시요 그 죄 문제를 해결해 주시는 분을 믿지 않는 것처럼 큰 죄가 또 어디 있겠습니까?

그러므로 우리는 죄를 직시해야 합니다. 죄를 경멸하고, 죄를 짓게 만드는 것을 끊어 내야 합니다. 하지만 그것은 우리 힘으로 되지 않습니다. 주님이 우리 죄를 해결해 주셨다는 사실 앞으로 날마다 나아가야 합니다. 그것이 바로 우리가 죄를 날마다 만나면서도 그 죄를 넘어 승리할 수 있는 비밀입니다.

오늘도 작은 횡단보도 앞에 바보처럼 서 있습니다. 빨간 신호등 안에는 한 사람이 붉게 물든 채 서 있습니다. 저는 그 사람이 예수님처럼 보입니다. 죄 앞에서 죄를 직시하고, 그 죄를 짊어지며, 다시금 우리 앞에 서 계신 그분 말입니다. 죄 때문에 저는 아버지를 잃었고, 죄 때문에 젊은 날을 잃었으며, 죄 때문에 소중한 기회를 놓쳤습니다. 죄를 직시하지 않았기 때문입니다. 이제는 죄를 분명히 만나야 합니다. 그러면 그 죄를 해결해 주신 주님을 가장 가까이 만날 수 있습니다. 지금 저는 신호등 앞에 서 있습니다.

* 가장 중요한 일을 하는 것

 분주한 여름 행사를 준비하면서, 20대 초반에 주일학교 전도사가 되어 처음으로 치른 여름캠프가 생각났습니다. 100여 명의 아이들과 선생님들, 스태프들을 데리고 2박 3일의 수련회를 이끌었습니다. 수련회 장소로 가는 버스에 올랐지만 쉬이 잠이 오지 않았습니다. 작은 사고도 없어야 했고, 무엇보다 이 첫 번째 행사로 저를 평가할 담임목사님과 동료 사역자들, 그리고 학부모님과 선생님들, 성도들의 눈이 선하게 떠올랐습니다.

 관광버스 두 대가 수련회 장소에 도착했는데, 진입로가 너무 좁아서 멀찍이 주차할 수밖에 없었습니다. 불평하는 아이들과 선생님들의 목소리를 잠재우기 위해서라도 저는 캠프에서 사용할 물건들과 아이들의 짐을 부지런히 날랐습니다. 한여름에 두 시간 동안 짐을 나르다 보니, 온몸이 땀범벅이 되었지만 웃는 얼굴로 다음 일정을 위한 준비를 했습니다. 짐을 숙소로 옮긴 후에도 몇 시간 동안 아이들과 선생님들의 이러저러한 요구를 들어 주었습니다. 그렇게 나름대로 필요하고 중요한 일들에 치여 점심 먹는 것도 잊어버렸습니다.

정신없이 급하고 바쁜 일들을 처리하고 있을 때, 그 교회에서 오랫동안 사역해 온 청년부 전도사님이 와서 다짜고짜 자기 차에 저를 태웠습니다. 그러고는 10여 분을 달려 한적한 시골길에 차를 멈추었습니다. 저는 너무 당황스러웠습니다. 더 솔직히 말하면, 슬슬 화가 나기 시작했습니다.

'지금 해야 할 일이 너무 많은데, 왜 나를 이곳으로 데리고 왔을까?'

제가 없는 수련회의 상황이 염려되었습니다. 그런데 그 전도사님은 은박지에 싼 김밥 한 줄을 조용히 건네며, 제 인생에서 잊어버릴 수 없는 말을 했습니다.

"강 전도사, 점심 안 먹었지? 일단 점심부터 먹어! 물도 마시고, 천천히 숨을 쉬어. 그러고 나서 강 전도사가 해야 할 가장 중요한 일을 생각해. 짐을 나르고 아이들을 챙기는 것은 선생님들도 다 할 수 있는 일이야. 지금 강 전도사가 할 수 있는 일들, 아니 강 전도사가 해야만 하는 가장 중요한 일을 하도록 해. 오늘 전해야 할 설교 말씀을 한 번 더 읽고, 잠시라도 주님께 기도해."

순간 눈물이 핑 돌았습니다. 급하고 분주한 일들로 인해 놓쳐 버린 가장 중요한 일들, 많은 사람들의 눈을 의식하다가 놓쳐 버린 하나님의 시선이 떠올랐습니다. 그러면서 오늘부터 시작되는 이 수련회에서 해야 할 가장 중요한 일을 다시금 더듬어 찾아가기 시작했습니다. 그것은 아이들의 영혼이었고, 이 시간을 통해 하나님이 하시려는 일이었습니다. 가장 중요한 그 일을 위해 제가 해야 할 일을 했습니다.

십자가교회를 개척한 지 10년이 되었습니다. 제가 해야 할 일들은 두세 사람이 모였던 개척 당시나 지금이나 큰 차이가 없습니다. 아니, 솔직히 말하면 할 일이 엄청나게 많아졌습니다. 하지만 제가 해야만 하고 저를 통해서 하나님이 하시는 가장 중요한 일을 늘 생각합니다. 제가 맡은 사명으로 인해 주님이 하시려는 그 일을 말입니다. 마음이 급할수록, 상황이 어려울수록, 성도들이 문제에 부딪칠수록, 저에게 실망하고 마음이 아플수록, 더욱더 "무엇이 핵심인가? 지금 이 상황에서 가장 중심된 일은 무엇인가?"를 자문합니다. 그것은 늘 본질적인 것이었습니다.

주님은 제가 조용히 말씀을 읽고 연구하기 원하시고, 골방에서 기도하며 하나님의 때를 기다리기 원하십니다. 한 사람에게 복음을 전하고, 진리의 말씀을 따라 제가 먼저 거룩하게 살면서 한 걸음 한 걸음 가장 기본적인 일에 충실하기를 원하십니다. 복음의 본질을 전하고, 회개를 요청하고, 많은 성도가 모이는 것이 아니라 진짜 제자가 되도록 도전을 주기 원하십니다. 물론 그 일이 쉽지 않았지만 주님은 제가 그 길로 가기 원하셨습니다. 그것이 가장 중요한 일이기 때문입니다.

초대교회에 문제가 생겼을 때, 사도들은 "기도와 말씀에 더욱 전무"했습니다. 종교개혁 때도 그랬고, 역사 속에서 큰 부흥이 일어났을 때도 마찬가지였습니다. 그때마다 그 해결책은 새로운 프로그램, 새로운 이벤트, 새로운 사건이 아니었습니다.

언제나 가장 본질적인 것, 가장 기본적인 것, 가장 근본적인 것, 즉 가장 중요한 것으로 돌아가는 일이었습니다.

한두 시간 정도였을까요? 청년부 전도사님의 차에서 김밥을 먹고 기도를 하고 설교문을 읽은 후, 저녁 즈음 수련회 장소로 돌아갔습니다. "어디 갔다 왔냐?"며 걱정과 불평이 섞인 선생님들과 학생들의 질문이 쏟아졌습니다. 저는 조용하고 단호하게 대답했습니다. "가장 중요한 것을 하고 왔습니다."

저녁 집회가 끝나고 아이들이 잠자리에 든 후에 선생님들이 모였습니다. 눈물과 땀이라는 이름의 은혜가 얼굴과 심장 위로 폭풍처럼 지나간 그들은 하루 일정을 돌아보고는 부드럽고도 담대하게 부탁했습니다.

"전도사님! 가장 중요한 일을 하십시오. 나머지는 저희가 하겠습니다."

지금도 그 눈망울과 목소리가 생각나고 또다시 듣고 싶습니다. 지금 자신이 하고 있는 일들을 다시 한번 점검하면 좋겠습니다. 그리고 스스로에게 물어보십시오. "이것이 정말 가장 중요한 일인가? 내가 지금 가장 중요한 일을 만나고 있는가?"

하고 말입니다.

가장 중요한 일을 만납시다. 그래야 주님을 만납니다. 가장 중요한 일을 합시다. 그러면 나머지는 주님이 하십니다.

> 먼저 그 나라와 그분의 뜻을 추구하십시오. 그러면 나머지 것들은 하나님께서 덤처럼 채워 주실 것입니다(마 6:33, MPT).

* '무엇을'과 '어떻게'

최근에 재미있게 읽은 김진명 씨의 소설 『고구려』 1권은 훗날 미천왕이 되는 을불의 이야기로 시작됩니다. 을불은 지혜롭고 명석한 돌고의 아들인데, 돌고의 형이자 을불의 큰아버지인 악힌 지 상부가 왕이 되면서 그의 미래는 사라지게 됩니다. 악한 왕 상부가 동생 돌고를 죽이고 조카인 을불까지 죽이려 하기 때문입니다. 그런데 바로 그때 지혜로운 군사 창조리가 나타납니다.

창조리는 지혜롭고 명석한 을불을 다음 왕위에 올리기 위해 그 누구도 생각하지 못한 지혜를 쏟아 놓습니다. 그는 돌고와 을불의 방패막이가 되는 대장군 안국군을 찾아갑니다. 대장군 앞에 무릎을 꿇은 창조리는 품에서 단검을 꺼내 자신의 손가락 하나를 끊어 버립니다. "차마 입에 올릴 수 없는 말씀을 드려야겠기에 먼저 저의 약지를 잘라 용서를 구합니다"라고 말을 시작한 창조리는 대장군에게 죽음을 요구합니다. 대장군 스스로 역적이 되어 죽음으로써 악한 왕 상부의 눈을 돌려서 을불을 살리고 미래를 도모하자는 것이었습니다. 대장군은 뜨거운 눈물을 흘리며 창조리를 껴안고 말합니다. "내 기꺼이 웃으며 죽음을 맞으리라!"

우리는 진리가 전부라고 생각합니다. 물론 맞습니다. 그러나 진리가 어떻게 전해지는가도 중요합니다. 귀한 물건이 싸구려 포장지에 담기지 않듯이, 아름다운 가치는 아름다운 통로로 전해질 때 빛납니다. '무엇을'이라는 내용만이 아니라 '어떻게'라는 방식도 참으로 중요하다는 말입니다.

12년 전 산본 땅에 교회를 개척하고 매일 밖으로 나가 사람들에게 복음을 전했습니다. 하지만 복음을 듣는 사람이 거의 없었고, 그나마 관심을 갖는 사람이 몇몇 있었는데 나중에 알고 보니 그들은 다 이단이었습니다. 저는 제가 가진 지식과 논리로 그들과 싸워서 이겼습니다.

하지만 그들 중에 누구도 "목사님이 가진 진리를 제가 믿겠습니다"라며 교회로 찾아오지 않았습니다. 그들은 돌아가서 자신의 것을 더 공고히 했고, 또다시 와서 논쟁할 뿐이었습니다. 그러면서 깨닫게 되었습니다. 제가 천국의 진리를 가지고 있다고 해도 사랑으로 하지 않으면 지옥의 논쟁 외에 아무것도 아니라는 것을 말입니다.

아무리 궁색하여 구걸하는 사람이라도 누군가가 욕하면서 던진 물건을 받으려고 하지는 않을 것입니다. 누군가에게 선물을 하면서도 불편한 태도와 표정으로 생색만 낸다면, 그것은 더 이상 선물이 될 수 없습니다. 하지만 매우 힘들고 어려운 부탁이라도 진심을 다해 구한다면 들어줄 가능성이 커집니다. 심지어 하나밖에 없는 생명을 요구한다고 할지라도, 그것을 구하는 사람이 자신의 모든 것을 걸고 다가온다면 기꺼이 그렇게 할 수 있을 것입니다.

저에게 예수님은 그렇게 오셨습니다. 그분은 내용만이 아니라 방식이기도 하셨습니다. 그분은 목적지만이 아니라 동시에 길이셨습니다. 그분은 사랑한다고 말만 하신 것이 아니라 끝까지 사랑하시며 실제로 죽으셨고, 동시에 저에게도 그렇게 사랑하며 죽으라고 도전하십니다. 그분의 진리는 삶과 분리될 수 없습니다. 그분은 저에게 '무엇을'만이 아니라 '어떻게'를 함께 도전하셨습니다. 그것은 바로 십자가였습니다.

우리의 '어떻게'가 우리의 '무엇을' 결정하지는 않습니다. 그러나 우리의 '어떻게'가 우리의 '무엇을' 가치 있게 만들어 줄 것입니다. 우리는 근본적으로 '무엇을'의 대상이 아닙니다. 하지만 우리는 주님의 '무엇을' 가치 있게 드러낼 '어떻게'가 되어야 할 책임이 있습니다.

저녁에 대형마트에서 반찬 몇 가지를 골라 계산대 앞에 섰습니다. 많은 사람이 물건값을 계산하며 지나갔고, 계산해 주는 아주머니는 기계처럼 움직였습니다. 물건값을 치르고 나서 저는 아주머니의 눈을 쳐다보며 말했습니다. "오늘 하루 수고 많으셨습니다." 분주하게 물건을 봉지에 담던 아주머니는 갑자기 손을 멈추고 울먹였습니다. "오늘 하루 종일 저에게 인사해 주신 분은 아저씨가 처음이에요. 고맙습니다!"

우리는 이 땅의 소금과 빛이며 그리스도의 편지입니다. 그렇다면 진한 짠맛을 가진 소금이, 밝고 따뜻한 빛이, 감동과 사랑이 담긴 편지가 되면 좋겠습니다.

* 성택이

그날은 참 이상한 날이었습니다. 여느 주일처럼 소그룹 청년들에게 말씀을 전하고 있었습니다. 찬양과 기도로 마음을 연 그 영혼들에게 말씀을 담고 있었습니다. 간결하지만 핵심적인 내용을 한 숟가락, 한 숟가락 아기에게 밥을 먹이는 것처럼 그렇게 전하고 있었습니다. 그런데 갑작스럽게 성령님이 제 영혼에 큰 소리로 말씀하셨습니다.

"저기 끝에 앉아 있는 성택이에게 복음을 전해라."

저는 마음속으로 대답했습니다.

"주님, 제가 지금 전하고 있는 말씀도 복음의 일부가 아닙니까?"

그러자 성령님이 "네가 하고 있는 설교는 잠시 멈추고, 내가 전하라고 하는 복음을 전해라"고 하셨습니다.

태어나서 지금까지 23년간 거의 쉼 없이 설교했지만, 그런 날은 처음이었습니다.

저는 주님께 "설교를 다 마치고 개인적으로 만나서 복음을 전하겠습니다"라고 했습니다. 하지만 주님은 단호하게 말씀하셨습니다.

"바로 지금 성택이에게 복음을 전해라!"

저는 물처럼 흘러가던 설교의 흐름을 끊고, 갑작스럽게 성택이를 일으켜 세웠습니다. 그리고 성택이에게 복음을 전했습니다. 창조와 타락과 구속의 흐름을 간결하게 설명하고, 성택이에게 이 복음을 받아들여 예수님을 영혼의 주인으로 영접하겠느냐고 물었습니다. 성택이는 그렇게 하지 않겠다고 했습니다. 전혀 기대하지 않았던 충격적인 결말이었습니다. 청년들은 웅성거렸고, 제가 설교를 어떻게 마무리했는지도 모르겠습니다.

그다음 주가 되었습니다. 한 주간 동안 최선을 다해 준비한 설교를 청년들에게 전하고 있었습니다. 복음을 받아들이지 않았던 성택이는 여전히 뒷자리에 앉아 있었습니다. 그런데 주님이 다시 저에게 말씀하셨습니다. 설교를 하고 있는데 말입니다. 솔직히 두렵기도 했고 속상하기도 했습니다. 최선을 다해 준비한 설교 시간에 주님은 왜 자꾸 성택이에게 복음을 전하라고 하실까 하고 말입니다. 하지만 결국 주님을 이길 수 없었습니다.

설교를 끊고 성택이를 일으켜 세웠습니다. 성택이에게 다시 복음을 간략하게 소개했고, 간절한 마음으로 예수님을 영혼의 주인으로 영접할 것인지 물어보았습니다. 그런데 놀랍게도 성택이는 "그렇게 하고 싶다"고 말했습니다. 성택이는 제가 불러 주는 영접 기도의 내용을 진지하고도 분명하게 따라 했습니다. 처음에는 몰랐는데 어느 즈음부터인가 모든 청년들이 영접 기도를 따라 하고 있었습니다. 기도의 끝자락에서 "예수님의 이름으로 기도합니다"를 할 때는 그 자리에 있는 모든 사람이 주님을 영접했습니다. 마지막 "아멘"과 함께 모두 감격의 눈물을 흘렸습니다.

주님의 사명을 받은 모세가 길을 떠나자마자 하나님은 모세를 죽이려 하십니다. 그때 모세의 아내가 아들의 표피를 베어 할례를 행했습니다(출 4:18-26). 디나가 강간당한 사건으로 인해 야곱의 아들들이 세겜 주민을 학살한 후에 야곱은 온 가족이 품고 있던 우상을 나무 밑에 묻고 벧엘로 올라갔습니다(창 34:1-35:15). 3년의 기근이 이어질 때 다윗은 주님 앞에 무릎을 꿇었습니다(삼하 21:1). 예수님은 위대한 공생애를 시작하시기 전에 가장 먼저 세례 요한에게 가셨습니다(마 3:13-17). 오순절의 역사가 일어나기 전에 베드로는 잃어버린 가룟 유다 대신 맛디아를 뽑았습니다(행 1:12-26). 이렇듯 하나님 나라가 오기 전에 복음은 우리에게 회개를 요구합니다.

우리에게 중요한 일이 진짜 중요한 일이 아닙니다. 하나님께 중요한 일이 진짜 중요한 일입니다. 주님이 우리에게 가장 먼저 하라고 하시는 일이 있습니다. 그것은 이따금 용서하기 어려운 사람을 용서하는 일이기도 하고, 습관적인 죄를 끊는 일이기도 하며, 아무것도 없는 상황에서 믿음으로 그릇을 빌리거나 남에게 베푸는 일이기도 합니다. 매우 아끼고 사랑하는 것들과 헤어지는 일일 수도 있습니다.

인생의 위대한 다음 계단을 밟기 위해서는 바로 지금 이 계단을 충분히 밟아야 한다는 것을 잊어서는 안 됩니다. 하나님이 지금 당신에게 가장 먼저 하라고 하시는 일은 무엇입니까? 바로 그 일을 하기 바랍니다.

추신. 사랑하는 성택아, 늘 너를 위해 기도하고 있단다. 오늘도 네 삶에 하나님의 음성과 감동이 넘쳐 나기를 소망한다!

* 사랑의 나눔 있는 곳에

부모님에게 물려받은 재산 하나 없이 태어나, 돈과는 거의 무관한 목회자의 길을 가기에 재정적으로 어려웠던 날들은 거의 살아온 날들만큼 됩니다. 하지만 그 어려웠던 날들 속에서 "하나님은 정말 살아 계시구나"라고 느꼈던 수많은 순간들은 단순히 하나님이 예배 시간에 은혜를 주시고, 말씀 속에서 용기를 주시며, 기도 중에 음성을 들려 주실 때만은 아니었습니다. 물론 이런 시간들은 매우 중요하고 핵심적인 시간과 장소의 매듭이 되어 저를 다음 계단으로 가게 했습니다.

육신을 입고 살아가는 제가 하나님의 구체적인 손길을 체험할 수 있었던 또 하나의 시간은 하나님의 감동을 받은 누군가의 베풂을 받을 때였습니다. 한 사모님이 보내 주신 첫 번째 대학 등록금으로 신학교를 다닐 수 있었고, 기도 짝이었던 누나의 빨간 잠바로 대학 4년간 추운 겨울을 이길 수 있었습니다. 결혼을 하고 교회를 개척한 후에도 이름도 없이 빛도 없이 나눠 준 음식과 옷과 돈, 그리고 격려와 기도와 섬김으로 오늘까지 올 수 있었습니다.

그러나 진정한 변화는 '받음'에서 끝나지 않습니다. 절대적인 부족함 가운데서도 하나님이 강하게 감동을 주실 때, '나눔'으로써 진정한 성장이 일어납니다. 물론 제가 받은 만큼은 아니겠지만, 지난 20년간 목회 시간 속에서 수없이 나누었습니다.

더 정확하게 말하면, 하나님이 나누게 하셨습니다. 셀 수 없을 만큼 많은 식사, 옷, 책, 가방, 컴퓨터, 심지어 통장에 남은 돈 전부까지 주님의 이름으로 나누었습니다. 그러면서 '내가 받을 때보다 나눌 때 더 놀라운 일이 일어난다'는 사실을 깨달았습니다. 오늘도 기도합니다. 제가 받기만 하는 사람이 아니라 주는 사람이 되고, 우리 십자가교회가 받기만 하는 교회가 아니라 나누는 교회가 되기를 말입니다.

결론적으로 말해서, 육체적으로든 영적으로든 어린아이는 받기만 합니다. 받는 것에만 관심이 있습니다. 하지만 성장하면 아낌없이 나누게 됩니다. 주님은 받는 자보다 주는 자가 복되다고 하셨고, 우리를 위해 자신의 전부를 십자가에서 내놓으셨습니다.

추수감사절을 맞이하여 우리 교회는 나눔을 실천합니다. 받기만 하는 것이 아니라 나누는 것을 훈련합니다. 한평생 받기만을 탐하며 인색한 인생을 살다가 결국 속이고 빼앗기만 하는 사탄의 자녀로 인생을 마감하겠습니까? 아니면 풍성히 나누는 삶을 통해 그리스도의 모습으로 변화되겠습니까? 저는 주님이 늘 밝게 웃으며 축복해 주실 '나눔의 자리', 곧 주님이 계신 자리에서 더 크고 넓은 축복의 통로가 되고 싶습니다.

한 걸음, 딱 한 걸음

2006년 3월, 하나님의 강권적인 이끄심으로 십자가교회는 시작되었습니다. 20평도 되지 않는 상가 건물 3층이었습니다. 저는 서른두 살이었고 전도사였습니다. 성도들도 없었고 보증금 2천만 원도 없었습니다. 부동산 계약을 하는 날, 대출이 나오지 않아서 말할 수 없는 수모를 당했으며, 여름에는 녹물이 나오고 겨울에는 얼어붙어 버린 수도관에다 냉난방기도 의자도 없었습니다. 그 동네 간판 집에서 대충 달아 놓은 비싼 교회 간판은 태풍이 올 때마다 흔들거리더니 결국은 땅으로 떨어져 버렸습니다.

그 건물 2층 PC방 앞에는 온갖 쓰레기와 구토물이 쌓였고, 늦은 밤 본당에서 홀로 기도하고 있으면 담배 냄새가 스멀스멀 올라왔습니다. 아침이면 학생들이 등굣길에 상가 건물로 올라와 간식을 먹고 남은 쓰레기와 담배꽁초를 버리고 갔고, 저녁이면 도움을 구하는 걸인들만 찾아왔습니다.

예배 시간이 다 되었는데 한 사람도 오지 않아서 홀로 드린 예배는 헤아릴 수 없이 많았고, 우리 가족이 드린 헌금 외에는 다른 헌금이 없는 날이 많았습니다. 매일같이 오전 시간에 기도를 하고 말씀을 읽고 밖으로 나가 전도했지만 사람들은 이 누추한 예배당으로 올라오려 하지 않았습니다. 설령 힘들게 왔다가도 교회가 미자립이라고, 사람이 없다고, 의자가 없다고, 자기 삶이 힘들다고 돌아섰습니다.

진리보다는 위로가 더 필요한 사람들이었고, 변화보다는 문제의 해결이 시급한 그들에게 제가 전한 복음은 너무 멀어만 보였습니다. 그나마 귀한 은혜를 받고 복음을 받아들인 청년들은 이성 교제가 깨지면서 흩어졌고, 일부 귀한 신앙으로 성장한 성도는 신학생이 되어 헤어져야 했습니다.

그랬던 우리 십자가교회가 이제는 더 이상 앉을 곳이 없어서 이사를 갑니다. 교회에 성도들이 이처럼 많이 모인 것이 처음은 아니지만, 우리는 그때마다 기회를 얻을 수 없었고 헌신하는 성도도 없었습니다. 하지만 이번에는 달랐습니다. 싸우고 따지고 이간질하는 사람들이 아니라, 섬기고 나누고 밀알이 되어 준 성도들이 일어났습니다. 물론 그 과정이 쉽지는 않았습니다. 결국 결정은 제가 해야 했습니다. 모든 성도들이 순간순간 일부를 걸고 있었지만, 저는 매 순간 전부를 걸어야 했습니다.

하지만 사람이 계획할지라도 그 길을 인도하시는 분은 하나님이십니다. 실로 기적이 일어났습니다. 갈 수 없었던 건물로 들어가는 길이 열렸고, 대출받을 수 없었던 돈을 대출받게 되었습니다. 생각지도 못했던 일들이 이제 다음 주면 현실이 됩니다.

요즈음 교회에 오면 모든 것이 마지막임을 느낍니다. 마지막 금요예배가 오늘 있고, 마지막 수요예배와 주일예배가 다음 주에 있습니다. 마지막으로 보일러에 물을 보충하고, 마지막으로 이곳에서 전도를 나갑니다. 오늘은 오랫동안 혼자 식사를 하러 갔던 한 식당에 가서 인사를 했습니다. 언젠가 기회가 되면 또 올지는 모르겠지만 왠지 마지막이 될 것 같았습니다. 주인아저씨는 식사 값도 받지 않고 "목사님, 수고하셨어요. 이사 잘하세요"라고 말해 주었습니다.

이제 산본동을 떠납니다. 오늘 마지막 주일예배 주보를 만들었습니다. 주보 칼럼으로 무엇을 쓸까 고민하다가, 성도 한 사람 한 사람의 이름을 주보에 썼습니다. 그들 모두 딱 한 줄의 감사로 마감하기에는 너무 소중한 사람들입니다. 기도하면서 성도들의 이름을 하나씩 하나씩 자판으로 누르다 보니, 어느새 컴퓨터 화면이 뜨겁게 흐려집니다. 몇 번이나 눈물을 닦고 다시 글을 이어야 했습니다. 고맙다는 말로는 부족한 사람들입니다.

추운 겨울날 길거리에서 붕어빵을 판 돈으로 헌금한 사람도 있고, 제가 외롭고 힘들 때 전화해 준 사람도 있습니다. 두 시간이 넘는 길을 찾아와 예배하는 사람도 있고, 추운 겨울에 보일러도 틀지 않고 기도해 주던 용사들도 있습니다. 그 누구도 보지 않는 시간과 장소에서 묵묵히 섬기는 사람들도 있습니다. 힘들었던 안식월에 저를 기다려 준 사람들이고, 10년간 월급이 없었던 부족한 종을 위해 작은 봉투에 편지와 물질을 담아 섬겨 준 사람들입니다.

물론 마음을 찢어 놓은 사람들도 여전히 있습니다. 그러나 제가 하루도 빠지지 않고 기도하는 사람들이요, 주님이 저에게 맡기신 소중한 양들입니다. 육신의 나이는 저보다 많은 사람도 있고 적은 사람도 있으나, 영적으로는 모두 저의 자녀요 제자입니다. 이따금 속상하고 이해가 되지 않는 성도도 있었으나 모두 다 사랑할 수 있는 사람들이었습니다.

지난주에 몇몇 선배님들을 만나 인사와 선물을 나누었습니다. 이제 지방회까지 달라지니, 어쩌면 다시 보기 힘들 것이라는 생각이 들었습니다. 한 선배님이 물었습니다. "어떻게 포기하지 않고 왔느냐?" 그래서 이렇게 말했습니다. "딱 한 걸음이었습니다." 솔직히 두 걸음도 생각하지 못했습니다. 딱 한 걸음만 더 걷자고 생각했습니다.

주일 설교를 마치면 그다음 주일 설교를 준비했고, 어려운 사람을 만나면 주저하지 않고 도와주었습니다. 기도해야 할 사람이 있으면 제 가족처럼 여기며 기도했고, 다음번을 위해 무언가를 남기지도 않았습니다. 두 걸음 걸을 능력도 힘도 없었습니다. 그냥 딱 한 걸음이었습니다. 그렇게 걸었더니 열두

해가 지났습니다.

이제 우리 십자가교회는 크게 한 걸음을 내디디게 되었습니다. 딱 한 걸음인데 이번에는 그 걸음이 큽니다. 그 이유는 우리 모두가 함께 한 걸음을 걷고 있기 때문입니다. 저는 오늘도 딱 한 걸음입니다. 다른 것을 바라보지 않고 오직 주님 앞으로 딱 한 걸음 더 나아갑니다. 말씀을 읽고, 기도를 하고, 전도를 합니다. 어려운 성도를 만나 밥을 사 주고 중보기도를 합니다. 손을 잡고 이끌어야 할 사람은 이끌어 주고, 등을 밀어 주어야 할 사람은 뒤에서 밀어 줍니다.

책을 빌려 준 청년, 코드를 틀리는 반주자, 인사를 하지 못하는 성도, 잠자는 학생, 죄로 갈등하는 리더, 강한 성품의 성도들 속에 있는 저를 보며 한 걸음만 더 기다려 줍니다. 그리고 그들 안에서 역사하시는 성령 하나님을 기대하며 한 걸음만 더 내디딥니다.

20년 넘게 도망자 신분으로 살았던 야곱은 얍복강으로 매일 한 걸음씩 걸었을 것입니다. 400년이 넘는 노예 생활에서 모세는 그리고 여호수아는 가나안 땅으로 매일 한 걸음씩 걸었을 것입니다. 아시아와 유럽의 거친 땅을 복음화하기 위해 바울은 매일 한 걸음씩 걸었을 것입니다.

주님은 우리를 찾아오시기 위해, 그리고 다시 오시기 위해 지금도 한 걸음씩 걸으십니다. 저도 주님을 향해 오늘 한 걸음을 내딛습니다. 마지막 그날을 향해 오직 한 걸음을 말입니다.

"주님, 오늘 딱 한 걸음만 더 내디딜 힘을 주소서!"

마지막을 준비하는 성도님에게*

동생과 처음으로 병아리를 사서 키우던 때가 생각납니다. 동생과 저는 저금통을 털어서 병아리 열 마리를 샀습니다. 노란 병아리가 삐약삐약 울면서 옹기종기 움직일 때마다 얼마나 예뻤는지 모릅니다. 우리는 그 병아리들이 오랫동안 우리와 함께할 거라 생각했습니다. 하지만 그렇게 오래가지 않았습니다.

동생이 병아리에게 모이를 주다가 움직이는 바람에 작은

---

* 이 글은 십자가교회 김정화 집사님의 시아버님이 소천하시기 전에 제가 마지막으로 전했던 설교입니다. 고독과 아픔으로 고생하시던 성도님은 병상에서 복음을 받아들이고 세례를 받으셨으며, 가족들의 찬양과 기도 속에서 평안히 주님의 품에 안기셨습니다.

병아리의 목을 밟게 되었습니다. 우리는 밤새도록 그 병아리를 간호하며 아버지와 함께 간절히 기도했지만 병아리는 새벽에 죽고 말았습니다. 아침에 산으로 가서 병아리를 묻으며 얼마나 울었는지 모릅니다. 그리고 시간이 흐르면서 저는 병아리만이 아니라 사랑하는 친구, 전우, 가족, 동료나 선후배 목사님들이 선교현장과 목회현장에서 삶을 마감하는 것을 보게 되었습니다.

우리 인생에는 "모든 것이 끝이구나" 하는 순간이 분명히 옵니다. "이 문제는 내가 더 이상 해결할 수 없고 내 힘으로는 더 이상 어떻게 할 수 없구나" 하는 그런 순간 말입니다. 병이 회복되고 조금 더 건강하게 살 수는 있겠지만, 우리 인생에는 분명히 내가 아무것도 할 수 없고 모든 것이 끝이구나 하는 순간이 옵니다.

끝이라고 생각되는 그 지점에서 정말 내가 할 수 있는 것이 아무것도 없을까요? 성경을 보면, 예수님의 삶에서 끝이라고 할 수 있는 지점이 옵니다. 예수님이 3년간 동고동락한 제자들과 헤어져야 하고, 잔인한 십자가에서 고통당하며 죽어야 합니다. 예수님은 제자들이 잠시라도 함께 기도해 주기를 바랐지만, 아무도 그분의 마음을 모릅니다. 지금 예수님께 위로와 격려와 힘이 될 사람은 아무도 없습니다. 철저하게 고독하고 철저하게 괴롭습니다. 지나온 시간들이 주마등처럼 스쳐 지나가고, 말할 수 없는 고통이 밀려옵니다.

그 순간 예수님은 "나의 아버지, 하실 수만 있으면, 이 잔을 내게서 지나가게 해주십시오"라고 기도하십니다. 우리도 질병과 고통 속에서 이렇게 기도할 수 있고, 또 이렇게 기도해 왔습니다. 하지만 결국은 그 기도가 응답되지 않아서가 아니라, 그때가 다 지나가고 이제는 하나님께로 가야 할 시간이 옵니다. 바로 그때 예수님은 무엇을 하셨습니까?

그분은 세 번의 기도를 통해, 이제 이 위기는 더 이상 돌아갈 수 없는 상황이라는 것을 아셨습니다. 그래서 어떻게 하셨습니까? 지나온 시간들을 저주하고 분노하며 가슴 아파하셨습니까? 아닙니다. 바로 그 순간에 하나님의 뜻이 이루어지기를 기도하셨습니다. 자신의 죽음을 통해 이루어져야 할 그 일이 이루어지기를 바라신 것입니다.

지나온 시간 동안 성도님을 위해 하루도 쉬지 않고 기도해 왔습니다. 주님이 건강을 회복시켜 주시고, 마음의 상처를 치유해 주시고, 새로운 건강을 주시기를 말입니다. 그리고 지금 이 순간에도 하나님이 원하신다면 그렇게 되기를 바랍니다. 하지만 더 중요한 것은, 우리의 건강이 회복되고 우리의 수명이 연장되는 것과 상관없이 하나님이 원하시는 뜻이 이루어져야 한다는 것입니다. 이제 우리는 그것을 보아야 합니다.

지난 20년간 목회를 하면서, 저는 성도들의 삶에 있는 문제들이 해결되고 회복되면서 하나님의 뜻이 이루어지는 것을 많이 보았습니다. 그러나 동시에 우리가 간절히 기도하고 바랐던 것이 이루어지지 않으면서 하나님의 뜻이 이루어지는 것을 더 많이 보았습니다.

무엇보다 우리는 그동안 성도님의 가슴 아팠던 질병과 고통과 아픔을 통해 하나님이 무엇을 하시려는지 보아야 합니다. 성도님의 지난 세월의 고통과 아픔이 무의미한 것이 되지 않으려면, 그 시간을 통해 가족들과 여기 모인 모든 분들에게 하나님이 이루시려는 뜻이 무엇인지를 발견해야 합니다. 하지만 저는 그것을 구체적으로 언급할 자격이 없습니다.

다만 그 일은 그냥 이루어지지 않는다는 점을 말씀드릴 수 있습니다. 지금이라도 용서하고, 지금이라도 회개하고, 지금이라도 포기함으로써 그 일은 이루어집니다. 모든 것이 다 끝이 오지만, 모두 다 좋은 결과를 이루는 것은 아닙니다. 그것은 그 끝을 어떻게 맞이하느냐에 달려 있습니다.

마지막으로 진짜 중요한 문제는, 우리가 끝이라고 말하는 순간이 진짜 끝이 아니라는 것입니다. 그 끝에서 오히려 전혀 다른 시간이 우리 앞에 펼쳐집니다. 초등학교가 끝나면 중학교가 시작되고, 대학교가 끝나면 직장생활이 시작되며, 싱글의 삶이 끝나면 결혼의 삶이 이어지듯이 말입니다.

이 세상의 삶이 끝나면 영원한 시간이 옵니다. 마지막이라고 생각했던 벽이 순식간에 회전문이 됩니다. 그 문을 통해 유한한 시간에서 무한한 시간으로, 고통과 질고의 시간에서 평안과 회복의 시간으로 넘어갑니다.

이제 성도님이 그동안 겪어 왔던 고통과 질병과 삶을 통해 하나님이 성도님과 가족들에게 행하시려는 그다음 시간을 맞이할 수 있기를 바랍니다.

저의 지인 가운데 설암에 걸린 목사님이 계십니다. 혀에 암이 들어온 것이지요. 백방으로 치료하고자 최선을 다했지만 결국 혀를 잘라 내는 것 외에는 방법이 없었습니다. 의사는 가족들을 모두 모아 놓고 정말 힘든 표정으로 그 목사님에게 '마지막 말'을 하라고 했습니다. 내일부터는 말을 할 수 없다고 했습니다. 목사에게 혀가 없어진다는 것은 끝이 아니겠습니까?

그 목사님은 가족들을 향해 마지막 말을 했습니다.

"혹시라도 내가 지금까지 살면서 이 혀로 여러분에게 상처 준 말이 있다면 지금 모두 용서를 구하고 싶습니다."

그러면서 아내와 자녀와 다른 가족들 한 사람 한 사람에게 용서를 구했습니다. 그것은 그분의 마지막 말이었지만 동시에 새로운 회복과 용서의 시작이었습니다. 혀가 계속 있었다면 결코 할 수 없었던 말을 바로 그 순간에 했기 때문입니다.

저는 아직도 하나님의 기적을 구하며 기도합니다. 하지만 그 기적은 단순히 성도님의 삶이 연장되는 것이 아니라, 이 마지막 시간을 통해 하나님이 하시려는 일이 성도님과 가족들 안에 모두 이루어지는 것입니다. 예수님의 겟세마네 기도처럼,

성도님의 마지막 페이지에 그 일이 일어나기를 기도합니다. 사랑하는 성도님! 마지막을 피하지 말고 잘 만나십시오.

* 민들레 홀씨를 만나다

출근길 길모퉁이에

흩날리는 민들레 홀씨 하나

난 직관적으로 알았다

"너는 참 하나님의 신묘막측(神妙莫測)한 작품이구나!"

지극히 핵심적인 생명이

가장 가벼운 몸짓으로

바람을 벗 삼아

날아가다가

그 어느 곳에서도 피어나고

또 퍼지기를

누가 심어 주지 않고

물을 주지 않아도

길가 모퉁이

심지어 아스팔트의 거친 틈 사이에서도 돋아나

꽃이 되고

다시 홀씨가 된다

강요하지 않지만

포기하지도 않고

사라져 버리는 듯하지만

늘 남아 있어서

본질에 필요한 딱 그것만을 가지고서

바람이 부는 방향에 따라

자신을 언제든 날리우며

안착된 어느 곳에서도 생명이 되는

나는 언제면

복음의 본질이라는 핵심만을 생명으로 소유한 채

그 자유로운 몸짓의 가벼움이라는

성령님의 이끄심을 따라

주님께서 원하시는 어느 곳에서든

다시 뿌리내리고 꽃 피워 내고서도

다시 어디로든 날아갈 수 있는 순종으로

매일 죽는 것처럼 보이지만 날마다 새롭게 살아

부활의 신비를 유유히 누리는

너,

민들레 홀씨보다 나은 존재가 될까?

결국 나는 무엇이 될까

초판 1쇄 인쇄 | 2017년 6월 8일
초판 1쇄 발행 | 2017년 6월 16일

지은이 | 강 산
펴낸이 | 신은철
펴낸곳 | 좋은씨앗
출판등록 제4-385호(1999. 12. 21)
주소 | 서울시 서초구 바우뫼로 156(양재동, MJ빌딩), 402호
주문전화 | (02) 2057-3041 주문팩스 | (02) 2057-3042
이메일 | good-seed21@hanmail.net
페이스북 | www.facebook.com/goodseedbook

ISBN 978-89-5874-282-1 03230

ⓒ 강산 2017

이 책의 저작권은 저자와 도서출판 좋은씨앗에 있습니다.
신저작권법에 의하여 한국 내에서 보호를 받는 저작물이므로 무단 전재와 무단 복제를 금합니다.